「主の祈り」を生きる

ペンギン牧師と祈る「主の祈り」

後藤 喜良

この本を、原稿を読み最初の読者として有益で的確なアドバイスをしてくれた
妻の香代にささげます。

はじめに

この本を読まれるあなたに、愛に満ちあふれておられる父、子、聖霊の三位一体の神の豊かな祝福を心からお祈りします。これから私は、人知を超えた愛で私とあなたを愛していてくださる主イエス・キリストが、祈るように教えてくださった唯一つの祈りである「主の祈り」を、できるかぎり詳しく、丁寧に、分かりやすく説明します。あなたがこの本を読んで、三位一体の神に完全な永遠の愛で自分が愛されている確信と喜びをもってくださるように願っています。また、「主の祈り」の一つひとつの祈りを理解して、すべての祈りを自分の心からの願いと求めとして祈る人になってくださるように願っています。さらに、「主の祈り」を祈るだけでなく、聖霊に満たされて、一つひとつの祈りを少しずつ実行する人にもなってくださるようにお勧めします。「主の祈り」を祈って生きるようになられたら、あなたは、必ず、この祈りを日々心から祈り、すべての祈りを実行された主イエスに似た、真の神とすべての人（家族、友人、教会の兄弟姉妹、人類）を愛する人として成長していくことができます。私は、これからあなたにお話しすることが、すべて神の愛と真理のみことばである聖書に基づいていることを知っていただくために、たくさんの聖書のことば（聖句）を引用します。できればあなたもみことばを確認してください。また、模範ではなく一つの例（見本）として、五十年以上主イエスに見倣って「主の祈り」を祈って実行してきた私の小さな証しを記しますので、参考にしてくだされば感謝なことです。

第一章を読まれたら、完全な最高の祈りで、絶対必ず実現される祈りである「主の祈り」を、ぜひ、毎日祈ってください。第二章では、私たちの模範として、主イエスがどのように「主の祈り」を祈って実行され、父である神がどのように主イエスの祈りにこたえられたかを知ってください。第三章を理解されたら、愛に満ちあふれておられる天のお父さんである神の子どもとして、世界大の神の家族の一員として、長子である神の御子、主イエスに似た者へ変えられていく幸いな歩みを始めてください。第四章で、あなたが賛美と感謝と願いをささげる神と主イエスと聖霊がどんなにすばらしいお方であるかをお伝えしますので、ぜひ、日々三位一体の神をほめたたえ、愛の神の栄光を現すために生きていく人になってください。第五章で、世界人類の歴史は、真の神が、神の愛の御国を建て上げようとしてこられた歴史であることを、旧新約聖書全体から概説しますので、ぜひ、世界で唯一つの永遠に続く国である神の愛の御国の民（教会の信者）になって、神の御国を建て上げる奉仕をしてください。私は、あなたが第六章を十分理解し、私がお勧めするように、日々、神のみことばである聖書を読んで神のみこころを知り、神を愛し信頼して、愛のみことばに従う人として少しずつ成長していかれることを心から願っています。第七章を読まれたら、あなたは、神のみこころを実行し、神の御国を建て上げ、神の栄光を現すために必要なすべてのものを与えられて生きる幸いな人になってください。あなたが第八章をよく理解し、主イエスのみことばに従って、全身全霊で真の愛の神を愛し、自分自身のように人（家族、友人、教会の兄弟姉妹、人類）を愛する人として成長していかれることを心から願っています。私は、第九章で解き明かしているように、愛に満ちておられる神が、あなたの真の神への信頼と期待、また、神と人への愛を、試練を通して必ず成長させ、あなたを主イエスのように、罪と世と死と悪魔に勝利する者にしてくださると確信しています。

私たちを、悪い者から救い、誘惑に勝利する者とし、試練を通して成長させ、愛してくださる神を愛し、人とも互いに愛し合う者とし、日々すべての必要を与えられて、神の愛のみこころを行い、神の愛の御国を建て上げ、神の栄光を現す者としてくださる、三位一体の愛の神に栄光が永遠にありますように！

目次

装幀／小笠原裕子

第一章　一緒に祈りましょう「主の祈り」

1　祈っていますか「主の祈り」

① 人は祈っていることを行います

あなたには、何か熱心に求めていることがありますか。あなたが、どうしてもそれを得たいと強く願っているなら、きっとそれを手にいれるために一所懸命努力しているでしょう。また、もしかしたら、あなたの信じている神様等に、ぜひそれを与えてくださいと祈っているのではありませんか。

人はみな、強く願っていることを祈り、祈り求めていることを行うのです。多くの日本人が、初詣等で、「無病息災」、「家内安全」、「商売繁盛」等を祈っているといわれています。「無病息災」と「家内安全」を祈る人は、病気にならないように運動をしたり、家族みんなが健康で長生きできるように、健康食品を摂取したりするでしょう。また、子どもの幸せを願う多くの親は、子どもの成績がアップして有名な学校へ行けるように、祈るだけでなく、毎日子どもに「勉強しなさい」と励まし、学習塾に通わせるでしょう。「商売繁盛」を祈る人は、事業で成功して豊かになるために、寝る間も惜しんで働くでしょう。

あなたは何を熱心に祈っていますか。どんなものを求めていますか。また、それを得るためにどんな努力をしていますか。しかし、あなたが大切と考え、価値があると思い、自分を幸せにしてくれると信じて祈り求めているものは、どうしても必要で大切なもので、あなたを本当に幸せにし、永遠に価値があるものですか。多くの人々が祈っているものや求めているものは、一時的な喜びや満足感、表面的な見かけだけの幸福感しか与えないのではないでしょうか。また、多くの人々は、いろいろな問題や悩み等に対する解決、苦しみや恐れ等からの救いを求めて祈っています。あなたも解決や救いを求めているのではありませんか。

教会は、二千年前の新約聖書の時代から、「幸せになりたい」、「救われたい」等と願って教会に来る人々に、私たちを完全に救って永遠に幸いな人にしてくださるイエス・キリストが教えてくださった「主の祈り」を祈るように勧めてきました。私も、あなたがまだイエス・キリストを信じていなくても、あるいは、すでに教会の信者であっても、「主の祈り」を祈るように心からお勧めします。「主の祈り」は、あなたを心から愛しておられる主イエス・キリストの父である神が、あなたにどんなにすばらしい救いを与え、どれほど幸せにしてくださるかを教えてくれます。この祈りを祈る時、あなたは必ず救われ、幸いな人になることができます。「主の祈り」は、何が本当に大切な永遠に価値があることかを知らせてくれます。この祈りを祈り続けていく時、あなたは必ず永遠に価値のある生き方を知り、喜んで生きていく人になることができます。

②祈りが変われば、祈る人の価値観、生活、人生が変わります

では、「主の祈り」を祈り始めてください。ゆっくり声を出して祈っても、二分ほどで祈ることができます。朝でも、夜でも、食事の前でも、眠る前でもかまいませんので、毎日祈るようにしてください。あなたが「主の祈り」を祈り続けるなら、あなたの、セルフイメージ（自分が見ている自分の姿）、「愛」の理解、「価値のあること」の理解、善悪の判断規準、人生の生き方、人との関係、神様との関係等が変わっていきます。あなたは、自分が真の神に愛されている、幸せな人であることを知って喜び、どんなことも感謝できるようになり、あなたの周りにいる人々と共に喜んで生きていけるようになります。「主の祈り」を熱心に祈り、祈っていることを少しずつ実行できるようになったら、あなたは、自分が、「主の祈り」を教えてくださった完全な愛の人である主イエス・キリストに似た者へ造り変えられていることを知って驚くでしょう。そして、あなたを、神と人を愛された主イエスと同じ姿に完成してくださる主イエ

スの父である神をほめたたえるでしょう。

2　弟子たちが祈らなかった「主の祈り」

①「主の祈り」を祈っていなかった弟子たち（二千年前の最初の教会の信者たち）（ルカ11・1―13等）

実は、主イエス・キリストの弟子たち（二千年前の最初の教会の信者たち）は、主が彼らに「祈りなさい」と命じられたにもかかわらず、「主の祈り」を祈っていませんでした。

弟子たちが主イエスに従うようになってから二年半ほど経った頃、主イエスは、父である神に祈り、愛の交わりをしておられました――それは何と輝かしい光景だったことでしょう――。弟子たちはこれまで、主イエスが祈られる姿を見てきました。毎日朝夕、時には徹夜で、主は父である神と親しい愛の交わりの時を持っておられました。弟子たちは、主イエスが、父である神に賛美と感謝の祈りをささげられるのを何度も見ましたし、主が、祈って神のみこころに喜んで従い、祈って驚くべき奇跡を行われるのを知っていました。それで、主が祈り終えられると、弟子の一人（ペテロか？）が、「私たちにも祈りを教えてください」とお願いしたのです。それで、主イエスは、弟子たちに祈りを教えてくださいました。

しかし、この時、主イエスが彼らに教えられた祈りは、「……私たちの父よ。御名が聖なるものとされますように……試みにあわせないで、悪からお救いください」という祈りでした。しかしこれは、二年半も前に、「山上の説教」と呼ばれる弟子たちへのメッセージの中で、主が、祈るように教えられた「主の祈り」とほとんど同じ祈りでした（マタイ6・9―13）。これはいったい、どういうことでしょうか。私は、弟子たちが主から教えられた「主の祈り」を二年半の間、祈っていなかったからだと考えています。新約聖書の最初にある主イエスと弟子たちの歩みについて書かれている四つの福音書のどこにも、「弟子たちは祈った」と記されていないからです。さらに驚くべきことに、この時に再度、主から「主の祈り」を祈るように命じられた弟子たちは、その後も「主の祈り」を祈らなかったと思われるのです。この時から数か月後、ゲッセマネという庭園で、「目を覚まして祈っていなさい」と主イエスに命じられたにもかかわらず、弟子たちは祈らないばかりか、眠ってしまったのです。祈らなかった弟子たちは、主イエスを殺そうとしている人々に捕らえられた主を見捨てて逃げてしまいました。熱心に主に仕えていた弟子のペテロは、悪魔・サタンの誘惑に負けて、三度も「私はイエスを知らない」と否認しました。弟子たちは、「主の祈り」の中にある、「私たちを試みの中に見放さず、悪い者からお救いください」という祈りだけでも、熱心に祈るべきだったのです。

「主の祈り」を祈っていなかった弟子たちは、主の父である神を心から信頼することができませんでした。「主の祈り」を祈った主イエスは、父である神の御名があがめられるために生きておられましたが、弟子たちは、自分が偉くなることを求めていました。主イエスは、神の御国を建て上げようとしておられましたが、弟子たちは、自分たちの国であるイスラエル王国の復興を願っていました。私たちが、神に逆らっている罪深い人間を、主イエスの十字架の身代わりの死によって赦し、主イエスが復活されたように復活させ、永遠の神の御国に住む者にしてくださるという、神のみこころ（救いの計画）を弟子たちは悟らず、喜んでみこころに従うことができませんでした。そして、「主の祈り」を祈らなかった弟子たちは、悪魔・サタンの誘惑に負け、重い罪を犯してしまったのです。私たちも、「主の祈り」を理解して、祈り続けないと、福音書が伝えている弟子たちのようになってしまいます。

私はこの本で、「主の祈り」がどんな祈りか、「主の祈り」の一つひとつの祈りは何を願い求める祈りか、「主の祈り」を実行するにはどうしたらよいのか等について、まだ主イエス・キリストを信じていない人にも理解していただけるように、できるかぎり分かりやすく、説明したいと思います。また、すでに長い間、「主の祈り」を祈っている人たちの中にも、十分に理解していなかったり、誤解したままだったり、あるいは、なかなか実行できないで悩んでいる人がいるかもしれません。ですから新約聖書のギリシア語の原典に基づいて、できるかぎり詳しく解説したいと願っています。ぜひ、あなたも、「主の祈り」をよく理解して、毎日、熱心に祈り、少しずつ実行する人になってください。

② 聖霊に満たされて、「主の祈り」を祈り、実行するようになった弟子たち

「主の祈り」を祈っていなかった弟子たちは、すべての罪人の救いのために十字架で死に、三日目に復活された主イエスにお会いした後、真剣にまた熱心に、「主の祈り」を祈るようになりました。その頃、弟子たちは自分たちが愛に満ちておられる主イエスの父である神も、世界大の永遠の神の御国も、人類を救ってくださる神のみこころとご計画も、まったく理解していなかったことを認めざるを得ませんでした。また彼らは、主イエスを見捨てて裏切った自分たちの不信仰と愛のなさ、悪魔の誘惑に負けてしまった自分たちの弱さと罪深さを思い知らされていました。復活した主イエスは、心から悔い改め、謙遜にされていた弟子たちを愛して許し、再びご自分の弟子と認められました。そして、彼らに、すべての国の人々を父である神を礼拝して仕え、主イエスを救い主と信じ、主として従う弟子にするという、たいへん大きな使命を与えられました。さらに、主イエスは、自分たちの人間的な愚かな知恵、弱い力、小さな愛では主が与えてくださる使命を果たすことは、決してできないことを認めていた弟子たちに、聖霊に満たされて奉仕すれば、必ずこの偉大な使命を果たすことができると宣言し、聖霊を与える約束をされました。それで、弟子たちは、主が約束された聖霊を与えられるまで、全員で心を合わせて、祈りに専念したのです（使徒1・14）。彼らが祈り始めてから十日後、今、教会が「聖霊降臨日」と呼んでいる日曜日に、主イエスが約束していたとおりに、弟子たちはみな

聖霊に満たされました。そして弟子たちは、主から与えられた使命を果たすために、当時の世界の東西南北すべての果てまで、主イエス・キリストを通して与えられる愛の神の永遠の救いの福音（「喜びの知らせ」という意味）を宣べ伝え、全世界に、地上の神の御国である教会を建て上げていったのです。

主イエスの弟子たち——今、教会は、彼らを「使徒」と呼んでいます——は、聖霊に満たされて、「主の祈り」を祈り、「主の祈り」の祈りを一つずつ、すべて実行できるようになれたのです。聖霊によって、弟子たちは、新しく生まれ変わって（ヨハネ3・5—6）、神の子どもとされ、「主の祈り」の最初の呼びかけのように、主イエスの父である神を、「私のお父さん」と呼ぶことができるようになりました（ガラテヤ4・6等）。神の栄光の御霊（聖霊）が（Ⅰペテロ4・14）、弟子たちに、父である神と主イエスの栄光を現してくださったので（エペソ1・14、ヨハネ16・14）、「主の祈り」の最初の祈りのように、彼らは、神と主をほめたたえ、神と主の栄光を現すことができました。聖霊が人々を、イエスを主と信じて従うように導き（Ⅰコリント12・3）、信じた者を、神を礼拝し祈る者にし（ヨハネ4・24、ピリピ3・3、エペソ6・18）、一人ひとりに、教会奉仕をするための賜物を与えてくださいました（Ⅰコリント14・12等）。それゆえ「主の祈り」の第二の祈りのように、地上の神の御国である教会は、信者の数が増え（使徒2・47）、主イエスから与えられた、礼拝、福音伝道、聖書教育、愛の交わりの使命を果たすことができました（マタイ28・16―20）。真理の聖霊によって、主の弟子とされた教会の信者たちは、神と主イエスの真理のみことばを理解し（ヨハネ16・13）、「主の祈り」の第三の祈りのように、神のみこころに喜んで従うことができました（使徒5・32、ローマ8・14）。また、弟子たちは、「主の祈り」の第四の祈りで祈り求める「日ごとの必要な糧」の中で、どうしても必要な霊の糧であるみことばを毎日与えられて（ルカ11・13）、神のみこころを行い、神の御国を建て上げ、神の御名の栄光を現すことができました。弟子たちと教会の信者たちは、聖霊に満たされて、神を愛して礼拝し、神に賛美をささげて仕え、家族や隣人と互いに許し合い、愛し合うことによって、「主の祈り」の第五の祈りを実行することができました（ガラテヤ5・22―23、エペソ5・18―6・9）。さらに、弟子たちは、聖霊のお働きによって、試練を通して主イエスに似た者へ成長し（Ⅱコリント3・18、ピリピ1・19）、悪魔・サタンの誘惑に陥らず、聖霊の剣である神のみことばによって、悪魔・サタンと闘い、悪い者に勝利することができ（ガラテヤ6・1、エペソ6・17）、「主の祈り」の第六と第七の祈りが実現したのです。

主イエスご自身が、父である神から無限に与えられた聖霊に満たされて（ヨハネ3・34）、「主の祈り」を祈り、この祈りのすべての祈りを実現されたように、主イエスの弟子たちも、聖霊に満たされて、「主の祈り」を祈り、実行することができました。私も、主イエスに見倣う弟子の一人として、日々、聖霊に満たされて、「主の祈り」を祈り、一つひとつの祈りを実行する者として、成長したいと心から願っています。

3　「主の祈り」は、みことばの祈りの集約であり源泉

①「唱える祈り」から「ささげる祈り」へ

私が、「主の祈り」を祈るようになったのは十七歳の秋からでした。定期的に教会に行くようになった私にとって、「主の祈り」は洗礼を受けるまで、主日（日曜日）の礼拝式でみなさんと一緒に「唱和」するだけの「祈禱文」にすぎませんでした。受洗礼後、母教会（教会員の籍がある教会）の牧師から、毎日個人礼拝（英語では献身の意味がある「ディボーション」）をするように勧められ、毎日、二、三曲賛美をささげ、旧約聖書を三章、新約聖書を一章、詩篇を五篇、箴言を一章読み、二、三十分祈る個人礼拝を始めました。しかし「主の祈り」は、ほかの人のために祈るとりなしの祈りの後で、意味もよく分からずに唱える「まとめの祈り」でした。

私が「主の祈り」をよく理解して祈る必要があると思うようになったのは、旧約聖書時代に神がご自分の民に与えられた、愛のみことばである「十戒」と、「主の祈り」と、「使徒信条」（教会の信仰告白文）が、主イエスを信じて従う生活の基本であることを知ってからでした。まず、私は、「主の祈り」について学び始め、この祈りが、主イエスが弟子たちに（私にも）祈るよう

に教えられた唯一の祈りで、毎日心から祈るべきであること、また、「主の祈り」を祈って実行していけば、神と人を愛する主イエスに似た者へ成長させていただくことができることを知りました。それから毎日、「主の祈り」を、唱える祈りでなく、心からの祈りとして、父である神にささげるようになりました。

②「主の祈り」と「みことばの祈り」

それから十年ほど後、牧師の奉仕を始めた私は、祈りとみことばの奉仕に専念すると宣言した使徒ペテロの模範に見倣って（使徒6・4）、毎週、集中祈禱日を決め、数時間、教会に集うすべての人々とその家族の上に「主の祈り」が実現するように、とりなしの祈りをささげ、教会員がみな、「主の祈り」を祈って実行する主の弟子になることを願って、礼拝式や聖書研究祈禱会等で「主の祈り」を学び、礼拝式の祝禱（祝福の祈り）後の黙禱の時も、「主の祈り」を心から祈り、真の愛の神にささげるようになりました。

牧師になって数年後、「主の祈り」の最初の学びを終えた私は、次に聖書の中の他の祈りを学び始めました。最初に、聖書の中の「祈禱書」（模範的な祈りが集められた本）といってもよい旧約聖書の詩篇を学び、そこには、私たち真の神を信じて生きる者が一生の間に一度はささげることになる、あらゆる祈りがあることを知りました。それから毎日、詩篇を一篇、自分自身の祈りとして、父である神にささげることにしました。それから今日まで、ほぼ三年ごとに旧約聖書の詩篇を（119篇等の長い詩篇は数日に分けて祈るので半年ほどかかります）「みことばの祈り」として祈っています。

次に私は、新約聖書の中の使徒たちの祈りを学びました。そして教会に集う人のために自分が祈っていたことが、使徒たちの祈りに比べて信仰も希望も愛もない、まったくむなしい祈りであったことを思い知らされ、涙を流して悔い改めました。その頃、私が祈っていたのは、教会に集うみなさんが「毎日聖書を読んで祈るように」、「毎週礼拝に出席するように」、「洗礼を受けるように」、「家族や友人を教会に誘うように」等々の、典型的（？）な「牧師の祈り」でした。ところが、教会の信者たちのために使徒たちが神にささげていた祈りは、「すべての聖徒たちとともに、その広さ、長さ、高さ、深さがどれほどであるかを理解する力を持つようになり、人知をはるかに超えたキリストの愛を知ることができますように。そのようにして、神の満ちあふれる豊かさにまで、あなたがたが満たされますように。……（神に）教会において、またキリスト・イエスにあって、栄光が、世々限りなく、とこしえまでもありますように」（エペソ3・18―21）、「……あなたがたの互いに対する愛を、またすべての人に対する愛を、主が豊かにし、あふれさせてくださいますように。……（あなたがたを）私たちの主イエスがご自分のすべての聖徒たちとともに来られるときに、私たちの父である神の御前で、聖であり、責められるところのない者としてくださいますように」（Ⅰテサロニケ3・12―13）、「（神が）あらゆる良いものをもって、あなたがたを整え、みこころを行わせてくださいますように。また、御前でみこころにかなうことを、イエス・キリストを通して、私たちのうちに行ってくださいますように。栄光が世々限りなくイエス・キリストにありますように」（ヘブル13・21）等の祈りです。これらの祈りは、信者たちがみな完全で永遠の愛の神と主イエスの愛に満たされて、兄弟姉妹愛と隣人愛を実行できるように、真の神の御前で完全な者になれるように、そして、「神とキリストに栄光が永遠にありますように」という人知をはるかに超えた聖霊によってしか祈ることができない至高の祈りです。それから私は、今日まで、信者たちの成長と完成を祈り、父である神と主イエス・キリストの栄光を永遠にほめたたえる、使徒たちの祈りを、「祝福のみことばの祈り」として、教会に集う人のためのとりなしの祈りとして、また、主日（日曜日）の礼拝式での祝禱（祝福の宣言）としてささげ続けています。

さらに、私は、詩篇と使徒たちの祈り等の「みことばの祈り」を学び、祈り続けていく中で、詩篇の祈りのすべてが、とても短い「主の祈り」に集約されており、使徒たちのすべての祈りの源泉が、主イエスが祈るように教えられた唯一の「主の祈り」であると確信するようになりました。それから、旧約聖書と新約聖書のみことばの祈りと、「主の祈り」をますます熱心に、また、忠実に祈り、聖霊に満たされて、みことばの祈りを自分の心からの祈りにし、「主の祈り」を少しずつ実行できるようにしていただいています。

③「主の祈り」は絶対必ず聞かれる祈りです

牧師になって、教会に集う人々に教えるために、新約聖書のギリシア語の原典の「主の祈り」を学び直して分かったのは、この祈りが必ず聞かれる祈りであるということです。原典の「主の祈り」の中のすべての祈りは、ギリシア語を直訳すると、「〔絶対に〕なりますように」や「〔必ず〕してください」という祈りなのです。私は、「天におられます、私たちのお父さんである神様」が、神の子どもとされた私の、今日までの生活と人生の中で、「主の祈り」のすべてを、百パーセント完全にではないけれども、確かに、実現してくださったことを知っています。これからも、毎日、主の祈りは絶対に必ず聞かれるという確信をもって「主の祈り」を祈り続けていきます。

4 「主の祈り」

①文語体の「主の祈り」

天にまします我らの父よ、ねがわくはみ名をあがめさせたまえ。

み国を来たらせたまえ。みこころの天になるごとく地にもなさせたまえ。
我らの日用の糧を、今日も与えたまえ。
我らに罪をおかす者を、我らがゆるすごとく、我らの罪をもゆるしたまえ。
我らをこころみにあわせず、悪より救い出したまえ。
国とちからと栄えとは、限りなくなんじのものなればなり。アーメン

②口語体の「主の祈り」（新改訳２０１７）
天にいます私たちの父よ。御名が聖なるものとされますように。
御国が来ますように。みこころが天で行われるように、地でも行われますように。
私たちの日ごとの糧を、今日もお与えください。
私たちの負い目をお赦しください。
私たちも、私たちに負い目のある人たちを赦します。
私たちを試みにあわせないで、悪からお救いください。
〔国と力と栄えは、とこしえにあなたのものだからです。アーメン。〕

③私訳の「主の祈り」　※「主の祈り」のギリシア語原典の直訳〔補足〕です。

〔至高の〕天におられます、私たちのお父さん〔である神様〕！
あなたの御名が、〔絶対に〕あがめられますように。
あなたの〔愛の〕御国が、〔絶対に〕完成しますように。
あなたのみこころが、天で〔すべて、完全に〕行われるように、
地でも〔すべて、完全に〕、〔絶対に〕行われますように。
私たちの日ごとの〔必要〕な糧を、今日も〔また、毎日、必ず〕お与えください。
私たちのあなたへの負い目〔と罪〕を、〔必ず〕お赦しください。
〔あなたが私たちを許してくださるように〕、私たちも、私たちに負い目のある
人たちを〔確かに、みな〕許しました〔また、必ず許します〕。
私たちを、〔試練と誘惑の〕試みの中に〔決して〕見放さず、
悪い者から〔必ず〕お救いください。
〔御国と御力と御栄えは、永遠にあなたのものだからです。アーメン。〕

※もし、よろしければ、祈ってみてください。〔　〕も祈られると、原典の意味をよりはっきりと理解して、「主の祈り」が必ず実現されると確信して、祈ることができると思います。

第二章　「主の祈り」を祈り、実現された主イエス

「主の祈り」を祈るように弟子たちに命じられた主イエスは、ご自分が「主の祈り」を祈り、そのすべての祈りを実行し、実現されたお方です。主イエスは、人々に教えられたことをすべて、自ら実行されたお方です。「自分の敵を愛し、自分を迫害する者のために祈りなさい」と命じられた主イエスは（マタイ5・44）、自分を迫害し殺す敵を愛し、極限的な十字架の苦しみの中で、「父よ、彼らをお赦しください。彼らは、自分が何をしているのかが分かっていないのです」と祈られました（ルカ23・34）。

天の父である神は、主イエスについて、「これはわたしの愛する子。わたしはこれを喜ぶ」と宣言され（マタイ17・5）、愛する御子・主イエスの祈りをすべて聞かれ、主が、「主の祈り」をすべて実現することができるようにしてくださいました。主も、「父よ、わたしの願いを聞いてくださったことを感謝します。あなたはいつでもわたしの願いを聞いてくださると、わたしは知っておりました」と感謝しておられます（ヨハネ11・41―42）。

1　天のお父さん

①主イエスは「天のお父さん」に祈られました

神の御子であった主イエスは、天地の支配者である真の神を、「わたしの父」と呼び（マタイ7・21、26・42等）、「父よ」、「アバ、父よ」、「聖なる父」等と呼びかけられました（マタイ11・25、マルコ14・36、ヨハネ17・11等）。「アバ」は、主イエスが話しておられたアラム語で、小さい子どもが父親を呼ぶ時の呼びかけで、日本語の「お父さん」や「パパ」に該当します。主イエスは、子どもの頃から、真の神に「お父さん」と呼びかけ、成人してからも子どものように、愛の神を「お父さん」と呼び続け、十字架の上でも、「お父さん」と呼ばれました。主イエスの地上の生涯で最後の祈りも、「父よ（お父さん）、わたしの霊をあなたの御手にゆだねます」でした（ルカ23・46）。主イエスにとって祈りは、父である神との愛の交わりだったのです。今も父である神と御子・主イエスは、永遠の完全な愛で愛し合っておられます。

②父である神は、主イエスが神の御子であることを明らかに示してくださいました

主イエスは、ご自分が、天地創造の前から天の父である神とともにおられた、永遠の神の御子であることを弟子たちに示し、「わたしを見た人は、父を見たのです」と語られ（ヨハネ14・

9)、主の弟子のペテロは、「あなたは生ける神の子キリストです」と、主に告白しました(マタイ16・16)。主は、ユダヤ人たちに、ご自分が天から下って来た神の御子であり(ヨハネ6・38)、父である神と一つであると宣言されましたが(同10・30)、彼らは、主イエスを人間でありながら自分を全知全能の神とした冒瀆《ぼうとく》罪で死刑に定めました。

主イエスは、十字架に架かる前、父である神に、ご自分を、世界が存在する前に、神の御子としてもっておられた栄光で輝かせてくださるように祈られました(ヨハネ17・5)。父である神は、この主イエスの祈りに答えて、主を死者の中から復活させ、世界のすべての人々に対して、主イエスが神の御子であることを明らかに示されました(ローマ1・4)。また、全知全能の神は、主イエスを天上のご自分の右の座(栄光の座)に着かせ(マタイ19・28、エペソ1・20)、栄光と誉れの冠を与え(ヘブル2・7)、さらに、万物(世界にあるすべてのもの)を御子・主イエスの手に渡されたのです(ヨハネ3・35)。十字架で死なれた主イエスが、復活によって、天地創造の神の御子であることが明らかになりました。主イエスの弟子たちは、父である神が、実に愛するひとり子・主イエスを、私たちの救いのためにお与えになったほどに、神に逆らっている私たち人間を愛してくださったこと、そして、御子・主イエスを信じる者が一人も滅びないで死者の中から復活し、永遠の神の御国に行かれた主イエスのように、必ず永遠のいのちをもつことができることを確信したのです(ヨハネ3・16)。

私は、あなたも、主イエスを、全知全能の神の御子、また、あなたに永遠のいのちを与えることができる救い主と信じ、自分の人生の主として従う人になってくださるように、心から願っています。そして、天の御座に座っておられる父である神と神の子羊である主イエス・キリストを、心からほめたたえられるようにお勧めします。

2　あなたの御名があがめられますように

①主イエスは、よい行いをし、人々が父である神の御名をあがめるようにされました

主イエスは、いつも「天地の主であられる父よ、あなたをほめたたえます」と父である神をあがめておられました（マタイ11・25）。主イエスに、病気や障害を癒やされた人々とその奇跡を見た人々も神をあがめ、ほめたたえました（マタイ15・31、マルコ2・12、ルカ18・43等）。主イエスは、神の御子としての栄光を捨てて、神のしもべ（聖書の原語は「奴隷」）となり、父である神のみこころに従って生き、人々を愛して救い、私たち罪深い人間の身代わりに神にさばかれ、罰せられて、十字架で死なれました。それで、全能の神は、主イエスを高く上げて（教会では「昇天」と「高挙」と表現）、すべての名にまさる名を与えられました。すべての人が、「イエス・キリストは主です」と告白して、主イエスを、人類の救い主、また、世界のすべての主たちの

主、すべての王たちの王とされた父である神がほめたたえられるためでした（ピリピ2・6―11参照）。主イエスは、父である神を愛して神のみことばに喜んで従う歩み、人々を愛して救う働き、人類を救うための十字架の死によって神の栄光を現し、父である神がすべての人によってあがめられるようにされたのです。

② 父である神は、主イエスが神からの使命を果たせるようにしてくださいました

主イエスは、「天のお父さん」である神のみこころに従って十字架で死ぬ時、「わたしが行うようにと、あなたが与えてくださったわざを成し遂げて、わたしは地上であなたの栄光を現しました」と祈られました（ヨハネ17・4）。これは、父である神が、愛するひとり子、主イエスの祈りにこたえて、神から信託されたすべてのわざを成し遂げるために必要なすべてのものを与えられたからです。

父である神は、御子・主イエスに聖霊を無限に与えられ（ヨハネ3・34）、聖霊の実である、人知をはるかに超えた愛（エペソ3・19）、愛以外のものが一かけらも含まれていない純粋な偽りのない愛に満たしておられました。ですから主イエスは、神、家族、隣人、弟子たち、反対者、そして、敵をも愛することがおできになりました。また、父である神は、主に、知恵、知識、信仰、癒やす、奇跡を行う、預言する、霊を見分ける、教える、助ける、指導する、勧め

る、分け与える、慈善を行う、伝道する、牧する等の、すべての聖霊の賜物を与えられたので、主イエスは、これらの賜物を活かし用いて、神と教会と人への奉仕をすべて成し遂げることができたのです。

主イエスのうちには、神の知恵と知識の宝がすべて隠されていました（コロサイ2・3）。主は、幼い時から、家庭礼拝とユダヤ人の会堂礼拝、会堂学校（男の子が六歳から六年間義務教育を受けた）で、旧約聖書を学び、聖霊によって愛の神のすべての真理を正しく理解し受け入れ、実行されました。主イエスは、十二歳になってエルサレムに行かれ、成人（十三歳が成年）になる準備を終えた時から、神のみことばを伝え教えるという、ご自分の本当の父である神の働き（新改訳は「みわざ」）を始められました。旧約聖書をすべて正しく理解していた主イエスが、神殿で旧約聖書の教師たちと議論をされると、それを聞いていた人々はみな、まだ少年だった主イエスの知恵と答えに驚きました（ルカ2・42―49）。その後、主イエスは、ナザレという小さな町で大工として働く中で、真の神のみことばがすべて真実である確信を与えられ、愛に満ちておられる父である神が旧約聖書の中にある約束のみことばをすべて実現してくださることを経験されました。当時、会堂や神殿等で公に旧約聖書を教えることができるのは三十歳になってからでした。三十歳になり、主イエスは、イスラエルのすべての町や村で私たちが知らなければならない、すべてのことを知らせる救い主として（ヨハネ4・25）、父である神の永遠の救いのご計画の全体を知らせ、ユダヤ教の学者たち（聖書では律法学者）によって歪められてしまっていた旧約聖書の神のみことばの本来の意味——山上の説教（マタイ5—7章）、復活の預言であったヨナの物語（同12・39—41）、結婚の教え（同19・3—12）、最大の愛の戒め（同22・37—40）等参照——を教えられました。おそらく、旧約聖書をほとんど全部覚えていたと思われる主イエスは、弟子たち、民衆、学者等のすべての質問に、最も的確なみことばによる答えを与えられました。知恵に満ちていた主イエスは、律法学者、ユダヤ教の熱心な信者のパリサイ人、祭司のサドカイ人、ヘロデ王家に仕えるヘロデ党員、神殿を管理し、すべての宗教儀式を監督していた祭司長、イスラエルの政治的指導者の長老等、当時のすべての宗教的、政治的指導者たちとのすべての論争に、どの相手も驚嘆する応答で（同22・22）、勝利されました。そして、イスラエルのすべての民衆と、ご自分の弟子たちに初代教会の時代から世の終わりまでに必ず起こることをすべて預言されたのです。

さらに、父である神は主イエスに、神から信託された使命を果たすために、神のみことばを教える（ルカ4・32）、悪霊を追い出す（同4・36）、罪を赦す（同5・24）、自分のいのちを捨てて再び得る（ヨハネ10・18）等の権威を与えられました。復活された主イエスには、弟子たちを用いて、全世界に愛の神の救いの福音を宣べ伝え、地上の神の御国である教会を建て上げるために、天と地におけるすべての権威を与えられました（マタイ28・18）。

私も、父である神から神の知恵と力と愛、聖霊の賜物、みことばの権威等を与えられて（主イエスの偉大な奉仕とは比べものにはなりませんが）、数多くの人々が愛の神に感謝し、賛美をささげるようになったという小さな奉仕をさせていただけたことを心から感謝しています。

3　あなたの御国が来ますように

「御国」は、新約聖書の中では、「天の御国」（特にマタイの福音書で多用）と言われたり、「神の国」と呼ばれていますが、どちらも意味は同じで、「天の父である神が愛によって支配される国また世界」です。ですから、私たちの生活と家庭と教会も、私たちが神から与えられる愛で、隣人を愛する生活をし、家族や兄弟姉妹が神の愛で互いに愛し合っているなら、そこは、愛の神が支配しておられる神の御国なのです。

①主イエスは、神の御国の福音を宣べ伝え、地上の神の御国（教会）を建て始められました主イエスが宣教を開始された時のメッセージは、「悔い改めなさい。天の御国が近づいたから」でした（マタイ4・17）。主は、イスラエル全土に、神の御国の福音（喜びの知らせ）を宣べ伝え、民衆の中の病気やわずらいを癒やし、悪霊に支配されている人々を解放されました

（マタイ4・23―24）。そして、主イエスは、ご自分が聖霊によって悪霊を追い出しているのなら、神の御国は、今すでに来ていると宣言されました（マタイ12・28）。天の永遠の神の御国には、悲しみも苦しみも、病気もわずらいも、死も罪もなく、悪魔と悪霊は追放されて滅ぼされます。主イエスは、多くの人々の悲しみと苦しみを取り除いて喜びと平安を与え、病気やわずらいを癒やし、死んだ人を生き返らせ、人々の罪を赦して悪からきよめ、悪魔と悪霊を追い出すことによって、神の御国をこの地上に実現されたのです。そして、主イエスは、死者の中から復活し、天の父である神のみもとへ帰っていかれる時、神の御国の福音を宣べ伝え、父である神が愛によって支配される神の御国（神の愛で互いに愛し合う人々の共同体・社会）を実現する使命を主の弟子たちの群れである教会に信託されました。まだ完全な愛の国また世界として完成されてはいませんが、キリストの教会が地上の神の御国なのです。

私は、三位一体の神を信じる告白をして、洗礼を受けた時、自分に与えられた神の救いは、私個人が、真の神に愛され、罪を赦され、聖霊によって新しく生まれ、神の子どもとされ、天の神の御国に永遠に住む者にされたという、個人的な救いであると思っていました。それで私は、自分が神を愛して従う者、家族や隣人を愛する者として成長することだけを目標にした信仰生活を歩んでいました。主イエスが、私を牧師になるようにみことばによって召された時（マタイ9・37―38、ヨハネ15・16）、主は私に、主ご自身のように、神の御国の福音を宣べ伝え、神の愛が満ちあふれる、永遠の神の愛の御国のモデルのような教会を建て上げるという使命を与えられました。牧師になった私は、今日まで、主イエスを、自分の救い主と信じ、主として従う決心をする人を地上の神の御国である教会の一員として育て、洗礼式では、三位一体の神を信じて従う告白だけでなく、全身全霊で神を愛し、自分と同じように隣人を愛し（マルコ12・29—31）、主イエスが愛してくださったように、教会の兄弟姉妹と互いに愛し合う誓約もしてもらうようにしてきました（ヨハネ15・12）。

② 父である神は、神の御国（教会）を完成するために主イエスを教会に与えられました

父である神は、最初のクリスマス（主イエスの降誕日）に、すべての人を愛して、私たちが滅びることなく、永遠のいのちをもつために、愛するひとり子、主イエスをお与えになりました（ヨハネ3・16）。また、父である神は、最初のイースター（主イエスの復活日）に、私たちの罪のために十字架で死なれた、愛するひとり子・主イエスを死者の中から復活させ、天上のご自分の右の座に着かせ、すべての支配、権威、権力、主権、また、すべての名の上に高く置かれました。父である神は、聖霊降臨日に、御子の霊、キリストの霊である聖霊を教会に与えることによって、すべてのものの上に立つかしらとした、愛するひとり子・主イエス・キリストを、教会にお与えになったことを証しされました（エペソ1・20—22）。

父である神が、御子・主イエスを与えるほどに、私たちを愛してくださったので、だれでも、主イエスを信頼して従う者には、必ず永遠の救いが与えられます。また、父である神が御子・主イエス・キリストを与えるほどに、教会を愛してくださったので、教会の主イエスを信頼して従う教会は、必ず成長し、完成されるのです。

二千年前、イスラエルでわずか十二人の弟子たちに、「わたしはこの岩の上に、わたしの教会を建てます」と宣言した主イエスは（マタイ16・18）、今日まで、教会が主から信託された使命を果たすために必要なすべてのものを与えて（エペソ1・23）、全世界に、地上の神の御国である教会を建て上げ続けておられます。教会は、今はまだ不完全で多くの問題も誤りも罪もあります。しかし、主イエスが預言で約束しておられたように、この世界が終わる日までに神の御国の福音は全世界に宣べ伝えられ（マタイ24・14）、主の教会は完全な愛の教会として完成します。全世界から集められた神の御国の民は、主とともに天の父である神が完全な愛によって支配される永遠の神の御国に住むようになるのです。

私は、牧師として七つの教会で奉仕させていただきましたが、教会のために祈る時も、教会の役員会を始める時も、しばしば、「わたしは、教会を建てます」という主イエスのみことばを朗読し、「教会の主イエス様。私は、あなたが、あなたの教会であるこの教会を、必ず建て上げてくださると信じております」と告白していました。そして、主イエスは、私が奉仕していた教会をご自身のみことばと聖霊のお働きによって、ゆっくりですが着実に建て上げ、少しずつですが確かに成長させてくださいました。

4　あなたのみこころが行われますように

①主イエスは、父である神のみこころを行われました

聖書には、主イエスがこの世界に来た時、父である神にささげられた祈りが記されています。その祈りは、理解しやすくするために、少し説明を付け加えると、次のような祈りです。

「天のお父さんである神様、あなたは長い間、人間があなたに罪を赦していただき、受け入れていただくためにささげてきた動物のいけにえやささげものを望まないで、あなたが十分に喜んでくださるいけにえになるためにわたしの体を造ってくださいました（神の御子が肉体のある人間イエスになられたこと＝受肉・降誕）。旧約聖書時代、あなたは全焼のいけにえと罪のためのいけにえとでは十分に満足されませんでした。そこでわたしは言いました。『今、わたしはここに来ております。巻物の書にわたしのことが書いてあります。神よ、あなたのみこころを行うために』」（ヘブル10・5—7参照）。

この決意の祈りのとおりに、旧約聖書に記されている父である神のみこころに従って、主イ

エスは、今の世界の終わりへの歴史が始まった二千年前、十字架でご自身をいけにえとして神にささげ、真の神に逆らっている人間の罪を取り除くために来られたのです（同9・26）。最初の人間アダムが、人間の代表として神のみことばに逆らって罪を犯したために、死が人間を支配するようになりましたが、最後のアダムである主イエスが私たち人間の代表として父である神のすべてのみこころを行われたので、主を信頼して従う人は永遠に生きることができるのです（Ⅰコリント15・45）。私たちを愛しておられる父である神は、神に逆らって自分勝手に生きている私たち人間に罪の赦し（主イエスが、私たちの身代わりに、十字架で神からの罪のさばきと刑罰の死を受けてくださったので、私たちのすべての罪が赦されること）、義認（神が、主イエスがすべての神のみことばを実行して完成された完全な義を、私たちの義と見なしてくださること）、新生（聖霊によって私たちが新しく生まれ変わること）、全知全能の天地の創造主である神の子どもの身分、神と人を愛する生活、主イエスに似た者へ成長する人生、永遠のいのちを与えてくださるのです。この驚くべき恵みによる豊かな救いが、主イエスが従い実現された父である神のみこころです。

②主イエスは、父である神のみこころに喜んで従われました

「主の祈り」では、「みこころが天で（すべて、完全に）行われるように、地でも（すべて、完全に）行われますように」と祈りますが、主イエスは、「わたしが天から下って来たのは、自分

の思いを行うためではなく、わたしを遣わされた方のみこころを行うためです」と語っておられたとおりに（ヨハネ6・38）、この祈りを心から祈り、天の父である神のすべてのみこころを実行されました。しかも、主イエスは、愛の神のみこころに義務的に従われたのではなく、全身全霊で神を愛して喜んで、また進んで従われたのです。

主イエスは、十字架に架かる前夜、ゲツセマネという庭園で三度祈り、父である神のみこころに喜んで進んで従われました。ゲツセマネでの第一の祈りは、「アバ、父よ、あなたは何でもおできになります。どうか、この杯をわたしから取り去ってください」でした（マルコ14・36）。この祈りは、主イエスが、人間として、十字架で死ぬことが怖くなって、命乞いをされたものではありません。完全な愛の神に愛されている神の御子が、私たち人間のすべての罪を負って罪人となり、神の怒りを受け、神に見捨てられるという私たち人間には理解できない耐え難い悲しみと苦しみを味わいたくないという嘆願の叫びです。「杯」は人間の罪に対する神のさばきと刑罰の象徴です。十字架で、神は、罪を知らない神の御子・主イエスを、私たちの代わりに罪とされたのです（Ⅱコリント5・21）。父である神と御子と聖霊である神は、永遠から永遠まで、完全な愛で愛し合っておられ、完全に一つです。しかし、十字架の上で、罪とされる御子は聖である神に見捨てられるのです。私たちの罪が、父である神と御子を引き裂くのです。御子・主イエスは、父である神から見捨てられるという人知を超えた究極の霊的悲しみと苦しみの杯を飲むことを躊躇《ちゅうちょ》しておられたのです。私たちが神のみこころに従う時に予想される困難や苦難は、主イエスの味わわれた悲嘆と苦悩とは、まったく比べものにならないほど小さく軽いものです。しかし私は、自分の中に神のみこころに従うことをためらう心がある時には、主イエスの第一の祈りのように、率直に、「お父さん。この杯を私から取りのけてください。私は、あなたのみこころに従うことはできません」と祈りました。

第二の祈りは、「わが父よ。わたしが飲まなければこの杯が過ぎ去らないのであれば、あなたのみこころがなりますように」でした（マタイ26・42）。父である神には、罪のない御子を罪深い人間の代わりにさばいて罰する以外に罪人である私たちを救う道はありませんでした。主イエスはそれをよく知っておられましたので、「わたしの望むことではなく」と自分を捨てて（マルコ14・36）、父である神のみこころを受け入れられました。私も最初に、「私は、あなたのみこころに従いたくありません」という祈りをしてから、主イエスのようにもう一度祈り、その時は、「お父さん。私は、あなたのみこころを受け入れます。どうか、私がみこころを行うことができるようにしてください」と告白できるまで祈るようにしました。

しかし、自分を捨てて、父である神のみこころを受け入れた主イエスは、「もう一度同じことばで」三度めの祈りをされました（マタイ26・44）。その目的は、祈らずに眠ってしまっていた弟子たちに語られた、「霊は燃えていても肉は弱いのです」という（マルコ14・38）、主ご自身のみことばの中に示されています。この意味は、「聖霊に満たされて歩む霊の人は、燃える心で、喜び進んで神のみこころを行うが、生来の自分中心な性質のままの肉の人は弱く、神のみこころを行うことができない」ということです。主イエスは、極限的な悲嘆と苦悩を味わわなければならない、父である神のみこころに、嫌々、仕方なく、義務的に従うのではなく、神と人への燃える愛の心で喜び進んで従えるようになるために、第三の祈りをされたのです。主イエスは、義務感や使命感からではなく、父である神の愛と聖霊に満たされて、私たちを罪と死と滅びから救い、神の栄光を現すために、燃える心で、喜び進んで十字架を負われたのです。

この時より数か月前、高い山の上で、主イエスが祈っておられると、御顔が太陽のように輝いたように（マタイ17・2、ルカ9・29）、ゲツセマネでも、三度めの祈りをされると、主イエスの御顔は、悲しみと恐れで曇った御顔から喜びと愛に輝く御顔に変わっていたことでしょう。

私も、牧師として教会の奉仕をする中で、何回も主イエスに見倣って、跪《ひざまず》いたりひれ伏したりして、三度祈って聖霊に満たされ、神と主イエスと教会に集う人々を愛して、喜び進んで困難と苦難の伴う神のみこころに従うことができるようにしていただきました。

③ 主イエスは、父である神のみこころを完成されます

神の御子は、私たちと同じ人間となってこの世界に来られました。そして、イエスという一

人の人間である間に成し遂げなければならない神から与えられた使命を、すべて完全に果たされました。しかし、復活して主の主、王の王となったイエスが、まだ完成しておられない神のみこころがあります。その第一は、私たちの救いの完成です。主イエスは、「わたしを遣わされた方のみこころは、わたしに与えてくださったすべての者を、わたしが一人も失うことなく、終わりの日によみがえらせることです」と語っておられます（ヨハネ6・39）。死者の中から復活した主イエスは、必ずこの神のみこころを実現してくださいます。主イエスは、必ずご自分と同じように、あなたを死者の中から復活させ、天に昇ったご自分と同じ栄光の姿に完成し、永遠の神の御国で生きる者にしてくださいます。

第二は、天と地にあるすべてのものを、一つに集められる（統合される）ことです（エペソ1・10）。主イエスは、神が定めておられる時がくると、すべての生物が完全な生態系に統合され、すべての人が最善の適材適所に置かれる新しい世界を完成されます。主は、必ずこの神のみこころを実現し、主イエスを信頼して従うすべての人に、最もふさわしい立場と賜物、奉仕と働きを与えてくださいます。

第三は、目に見える世界と目に見えない世界のすべてのものをご自分の足の下に従わせることです（Iコリント15・27）。主イエスは必ず、すべてのものを支配する主の主、王の王になられますが、すべてのものがご自分に従うようになった時に、神の御子である主イエスご自身も、父である神に従われます。これは、父である神がすべてにおいてすべてとなられるためです（同15・28）。この時、完全な神の御国が完成し、永遠の新しい世界では神のみこころが永遠に完全に行われ、神の御名が永遠にほめたたえられるのです。

私は、自分が御子・主イエスと同じ栄光の姿に完成され、主イエスから新しい永遠の世界での奉仕を与えられ、すべての神の子どもたちとともに、愛に満ちあふれておられる父である神をほめたたえるようになる日を心から待ち望んでいます。そして、主の主、王の王となった主イエスが、父である神の御座の前にひざまずいて王冠を父なる神にお返しになる、最も輝かしく荘厳な天上の礼拝式に参加する日を心から待ち望んでいます。

5　日ごとの糧を今日もお与えください

① 父である神は主イエスが人として必要なすべてのものを与えられました

父である神は、主イエスが「主の祈り」を祈るようになられる前から、地上における生活に必要なすべてのものを与えられました。まず、創造主である神は御子を、ご自分が創造して支配しておられる世界に、罪のない人間としての霊と心と体を与えて遣わされました。次に、主イエスに、神を畏れ敬い、喜んで従うマリアとヨセフを親として与え、後に、互いに助け合う弟妹（マルコ6・3）も与えられました。

父である神は、マリアとヨセフが主イエスを神が遣わされた救い主として信じ、愛し、養い育てるために必要なすべてのものを与えられました。例えば、貧しかった両親と主イエスが幼い時に数年間、エジプトで難民生活をしなければならなかった時のすべての必要は、東方の博士たちがささげた「黄金、乳香、没薬」によって満たされたと考えられます（マタイ2・11）。

ヨセフは、恵み深い神が家族の「日ごとの糧」を与えてくださると信じて、大工として一所懸命働いたと思われます。主イエスは、少年時代から父親の仕事を手伝い、ヨセフが早くに亡くなったと考えられますので、おそらく二十代になる頃から、家族のすべての必要を与えてくださる「天のお父さん」を信頼し、「ナザレの大工」として有名になるほど一所懸命に働き、母親と弟妹たちを養われたと考えられます。父である神の豊かな恵みによって、幼子イエスは、成長し強くなり、神のみこころを知る知恵に満たされました（ルカ2・40）。少年イエスは、両親から神の愛のみことば（旧約聖書）を教えられ、ますます知恵が進み、背たけも大きくなり、聖霊に満たされて神と人を愛されたので、神と人とに愛される人となられました（同2・52）。

主イエスが後に、「何を食べようか、何を飲もうか、何を着ようかと言って、心配しなくてよいのです。……あなたがたにこれらのものすべてが必要であることは、あなたがたの天の父が知っておられます。まず神の国と神の義（神と人を愛する生活と神のみこころに従って生きること）

を求めなさい。そうすれば、これらのものはすべて、それに加えて与えられます」と人々に教えられたのは（マタイ6・31―33）、ご自分が、すべての必要なものを与えてくださる天の父である神の愛を、実際に経験しておられたからです。

私も、神と人を愛し神のみこころに従う者として、少しずつ成長させていただき、五十数年の歩みの中で、この主イエスのみことばを確かに、何度も経験させていただきました。

②父である神は、みこころの実現のために必要なすべてのものを与えられました

父である神が、主イエスが、洗礼を受け、神の御国の福音を宣べ伝え、神の愛の働きをし、人類の救いのために十字架で死んで復活されるまでの三年間、神のみこころを実現し、地上の神の御国である教会を建て、神の栄光を現すために必要な、すべての物質的な恵みと霊的な恵みを与えられました。

父である神は、主イエスと弟子たちに主イエスを愛して仕える人々を通して、必要な物質的な恵みを与えられました。主イエスは弟子たちに、狐には穴があり鳥には巣があるが、ご自分には枕するところもないと語っておられましたが（ルカ9・58）、主と弟子たちが福音を宣べ伝えるために行かれた町や村には、多くの場合、一行を歓迎する人々がいて（マタイ10・11）、そこで神の働きをされる間、彼らの家に滞在することができました（マルコ6・10）。父である神

が、神の働きをする者に必ず食べ物を与えてくださると信じておられた主イエスと主に従う弟子たちは、高額な金貨や着替える衣類等も持たずに伝道旅行をしていました（マタイ10・9―10）。父である神は、自分の財産をもって主イエスと弟子たちに仕えた大勢の女性の弟子たち等を通して、十分な食べ物を与えられました（ルカ8・3）。父である神が、御名の栄光、御国の建設、みこころの実現のために必要な、すべての霊的な恵みを与えられました（本書第二章2参照）。

私も、牧師として奉仕していた間、多くの神の子どもたちを通して、食べ物（マルコ6・41等）、幸いな家庭と社会生活等に必要なすべての物質的恵みを与えていただき（ピリピ4・11―12等）、聖霊によって神のみことばによる教えと導き（ヨハネ18・37）、愛（ガラテヤ5・22）、力（使徒1・8）、賜物（ローマ12・6―8等）、主イエスに似た者へ再創造される恵み等（Ⅱコリント3・18、5・17）の、すべての霊的恵みを与えていただきました。私は、このような小さい者に豊かな満ちあふれる恵みを与えてくださった父である神に心から感謝しています。

6　負い目をお赦しください。負い目のある人たちを許しました

①主イエスは、罪人になってくださいました

主イエスは、この祈りを祈る必要がない、一つの悪も罪も負い目もないお方でした。古代世

界で最も整備された法律と評価されているローマ法に基づいて主イエスをさばいたローマ総督ピラトは、「この人には、訴える理由が何も見つからない」と何度も宣告しています（ルカ23・4、14、15、22、ヨハネ19・4、6等）。また、イスラエルの最高議会も、旧約聖書の神の律法（法律）に基づく世界で最も厳格なイスラエル法に違反する罪を主イエスに見つけることができませんでした。大祭司たちが主イエスに有罪宣告したのは、人間である主イエスが、ご自分を神の御子であると宣言されたことを神への冒瀆罪《ぼうとく》と見なしたからです。しかし、主イエスは、事実、神の御子でしたから、主の宣言は、真の神を冒瀆した罪ではありません（マタイ26・59―66等参照）。さらに、主イエスと三年間ともに生活した使徒ペテロは、「キリストは罪を犯したことがなく、その口には欺きもなかった」と証言しています（Ⅰペテロ2・22）。このように、まったく罪のない主イエスが、生まれつき自分中心な罪人である私たち人間の代表として、私たちとともに、「私たちのあなたへの負い目〔と罪〕を、〔必ず〕お赦しください」と祈ってくださるので、父である神は、私たちのすべての罪と負い目を赦してくださるのです。

主イエスは、人々からマリアが、ヨセフと婚約していながら他の男と姦淫《かんいん》の罪を犯して身ごもった罪の子とみなされ、「マリアの子（ヨセフの子ではない私生児という意味）」と呼ばれ、軽蔑されていました（マルコ6・3）。子どもの頃から、神と人に愛され（ルカ2・52）、悔い改めなければならない罪が一つもなかった主イエスでしたが、私たちと同じ罪人になって預言者ヨハネから罪が赦されるための悔い改めの洗礼（新改訳聖書では「バプテスマ」）を受けられました（マルコ１・４）。主イエスが、父である神のお働きを始められると、大祭司や律法学者やパリサイ人等の主イエスに敵対していた人々は、神の御子であるお方を罪人の仲間（マタイ11・19）、悪霊につかれて常軌を逸している者（ヨハネ10・20）、悪霊のかしらのベルゼブルに取りつかれている者等と非難しました（マルコ３・22）。そして、それから三年後、彼らは、主イエスを冒瀆《ぼうとく》罪として死刑を宣告し、当時、イスラエルを支配していたローマ帝国の総督に引き渡し、ローマ皇帝に逆らう反逆者として十字架に架けて殺しました。

主イエスの敵が罪のない主を犯罪者にして抹殺したことは、たいへん大きな間違いで極めて重い罪です。しかし、聖である神が私たち罪人を救うため、罪のない主イエスを私たちの代わりに罪人とし（Ⅱコリント５・21）、私たちの罪を赦すために十字架に架け、私たちのすべての罪に対する刑罰としての死を与えられたのは（ローマ４・25）、あわれみ深い神の、私たちへの、ことばでは言い尽くせないほど豊かな愛です。また、主イエスご自身も私たち罪深い人間を人知をはるかに超えた愛で愛し、罪と死と滅びから救うために神から遣わされる救い主（聖書では「メシア」また「キリスト」とも呼ばれる）が、多くの人の罪を負ってくださるという、旧約聖書の神の預言のとおりに（イザヤ53・12）、自分から進んで十字架の上で、私たちのすべての罪をその身に負ってくださいました（Ⅰペテロ２・24）。私たちの罪を負い、聖である神によって罪に対する刑罰としての死に渡された主イエスは、「わが神、わが神、どうしてわたしをお見捨てになったのですか」と大声で叫ばれましたが（マタイ27・46）、これは、完全な聖である神に見捨てられて地獄（永遠の滅び）に落とされる時に私たち罪人が叫ぶことになる叫びを、罪人とされた主が代わりに叫んでくださったのです。

生まれつき自分中心で、弱く、愚かで、罪深い私は、主イエス・キリストの十字架において現された父である神の言い尽くせないほど豊かな愛と、主イエスの人知をはるかに超えた愛を、心から感謝し、父である神と主イエスを聖霊に満たされてほめたたえています。

② 主イエスは、私たち罪人を愛し、赦してくださいます

主イエスは、父である神から、罪を赦す権威を与えられていましたので（マルコ2・10）、罪深い生活をしていた病人に、「子よ、あなたの罪は赦された」と赦しを宣告し（同2・5）、死刑に処せられるべき姦淫《かんいん》の罪を犯した女性には、「わたしもあなたにさばきを下さない。行きなさい。これからは、決して罪を犯してはなりません」と諭されました（ヨハネ8・11）。父である神が無限に与えられた、愛の聖霊に満たされていた主イエスは、すべての人を愛し、だれに対しても、寛容で、また親切でお怒りになりませんでした（Iコリント13・4―5）。また、主は敵も愛され、ご自分を殺す人々のために十字架の上で、「父よ、彼らをお赦しください。彼

らは、自分が何をしているのかが分かっていないのです」と、とりなしの祈りをささげられました（ルカ23・34）。主イエスは、真の神のみこころを行うことができない弱い者、神を畏れ敬わない不敬虔な者、また、神に逆らう罪人であった者を救うために、神を否定する神の敵であったすべての人のために死に、神と和解させてくださったのです（ローマ5・6―10）。さらに、復活した主イエスは、教会を迫害し、多くの主の弟子たちを投獄したり殺したりしていたパウロに、栄光のお姿を現し、彼の教会迫害と殺人等の罪を赦しただけでなく、彼をご自分の教会の奉仕者、使徒に任命されました（使徒26・9―17等）。

もちろん、あわれみ深い主は、まだ、主イエスを自分の救い主、また主と信じて従おうとしていない人の罪だけでなく、ご自分の弟子となった者の罪も赦してくださいます。主イエスは、ご自分を見捨てて逃げた弟子たちと、主を三度否認したペテロの罪を赦し、彼らに聖霊を与え、全世界に、神の愛の福音を宣べ伝え、教会を建て上げるために用いられました。主イエスは、十字架で死ぬまで、神と主を愛して従わない、すべての人のすべての罪を赦しただけでなく、復活されてから今に至るまで、世界中の、すべての人とすべての主の弟子のすべての罪を赦してくださる救い主なのです。

私は、私のすべての罪を赦し、私を主の教会の奉仕者に、神と主の愛を多くの人々に証しさせてくださっている主イエスに心から感謝しています。私は、もしあなたが、今まで神を畏れ敬わずに否定したり、多くの罪を犯したり、教会の信者を迫害してきたとしても、主が必ずあなたのすべての罪を赦し、あなたを真の神に愛される神の子どもとしてくださることを、確信していただきたいと願っています。そして、すでに主の弟子であるあなたも、あなたが主の弟子になってから、主に逆らったり、裏切ったりすることがあったとしても、主は必ずすべての罪を赦し、あなたを、新約聖書時代の主の弟子たちのように、真実な愛の主イエスの証人として用いてくださることを、確信していただきたいと願っています。

7　試みの中に見放さず、悪い者からお救いください

①父である神は、すべての試みを通して、主イエスを完成されました

この祈りの中で「試み」と訳されている新約聖書原典のギリシア語は、「試練」とも「誘惑」とも訳せることばです。「試練」は、真の神を信じている人もまだ信じていない人も経験する困難や苦難で、愛の神が私たちを訓練し、神への信頼（信仰）と期待（希望）と神と人への愛を成長させるために与えられるものです。それに対して、「誘惑」は、神が許される限られた範囲内で、私たち人間を愛の神から引き離そうとする悪魔・サタンの働きです。また、多くの日本語訳の「主の祈り」で、この祈りは、「私たちを試みにあわせないで」と訳されていま

すが、原典の意味は、「私たちを試みの中に見放さないで（一人にしないい）」という意味です。聖書は、父である神に最も愛されていた御子・主イエスも、私たち罪深い人間と同じように試みにあわれたと伝えています（ヘブル4・15）。それは、愛の神が、主イエスを多くの苦しみを通らせることによって、多くの試みの中を歩んでいる私たち弱い人間の理解者、同伴者、また援助者として完成するため、そして、私たちが多くの試練を通して成長し、すべての悪魔・サタンの誘惑に勝利する者となるようにするためでした（同2・10）。

主イエスがあわれた試練

胎児の主イエスは、姦淫《かんいん》の罪の子として、当時のイスラエル法によれば、母マリアとともに石打ちの死刑に処せられる危険の中にありました。永遠の王としてお生まれになった主イエスは、自分の王位を奪おうとする者を次々と殺していたヘロデ大王に殺害されるおそれがあったため、幼い頃の数年間、エジプトで辛く苦しい難民生活を送らなければなりませんでした。

使徒パウロは、主イエスが、全世界のすべてのものを創造して支配しておられる神の御子として、非常に富んでいたのに、私たち罪人を救うために人となり、たいへん貧しくなられたと教えています（Ⅱコリント8・9）。ヨセフが早く亡くなったと考えられており、若い主イエスが、母マリアと少なくとも六人以上いた弟妹を養うために一所懸命働かなければなりませんでした。しかし、毎日の激しい労苦の中で仕事熱心な賢い大工として、主イエスは心を込めて、例えば、どの牛にも最もフィットするくびきを作り（マタイ11・30）、また、地面を深く掘り下げて岩の上に土台を据え、洪水がきても倒れない家を建てておられました（ルカ6・48）。主イエスの前半生は、貧しさと労苦の試練の毎日、そして、その試練を通して神と人を愛する者として成長していく日々でした。

預言者イザヤは、神のしもべ（奴隷）である救い主について、「彼には見るべき姿も輝きもなく、私たちが慕うような見栄えもない。彼は蔑まれ、人々からのけ者にされ、悲しみの人で、病を知っていた。人が顔を背けるほど蔑まれ、私たちも彼を尊ばなかった」と語っています（イザヤ53・2―3）。旧約聖書に記されていないナザレという町の出身だった主イエスは、ユダヤ人から「ナザレ人」と呼ばれていましたが、その名には、「モーセたちに旧約聖書を書かせた神もご存じない町の人」という、「軽蔑された人」という意味があったのです。主イエスは、イザヤの預言のとおり、軽蔑、疎外、嫌悪の試練の中を神と人を愛して歩まれたのです。

主イエスは、三十歳になってから約三年間、イスラエルのすべての町や村を巡って、父である神から信託された働きを成し遂げられました。安息日には人々が礼拝に集まる会堂で教え、その他の日は滞在していた家や聴衆が多い時には野原でも神の御国の福音を宣べ伝え、羊飼いのいない羊のように弱り果てて倒れている民衆をかわいそうに思い、彼らのあらゆる病気とわずらいを癒やされました（マタイ9・35―36等）。主イエスは、毎日、朝早く起きて祈り（マルコ

1・35)、一日中、神の権威をもって愛と真理のみことばを教え、食事する暇もないほど忙しく(マルコ3・20)、夜遅くまで愛の働きをし(マタイ8・16等)、しばしば徹夜して祈られました(同14・23)。

このため、主イエスは、嵐で波をかぶる舟の中でも、ぐっすり眠り続けるほどに疲れ果てておられました(ルカ8・23)。主イエスは、おそらく一日の休日もなく父である神が愛しておられる人々を愛して喜んで奉仕されました。主イエスが語られたみことばを受け入れて従う人は少なく、病気を癒やしていただいても主に感謝する人は多くなく(ルカ17・12―18)、パンを求める人は多くいましたが、永遠のいのちを求める人はほとんどいませんでした(ヨハネ6・26―27)。イスラエルの人々を愛して救う働きを三年ほどしたある日、主イエスは、自分中心な生き方を悔い改めて、神の愛の救いの福音を信じようとしないイスラエルの人々のために、泣きながら、「わたしは何度、めんどりがひなを翼の下に集めるように、おまえ(イスラエル国)の子らを集めようとしたことか。それなのに、おまえたちはそれを望まなかった」と、深く嘆かれました(ルカ13・34、19・41)。それからしばらくして、彼らは、主イエスがろばの子に乗ってエルサレムに入城される時、主を、植民地になっていた自分たちの国をローマ帝国から解放してくださる王として大歓迎しましたが、五日後にはイスラエル復興のための反乱を起こさないばかりか、捕らえられて縛られた主に失望し、「十字架につけろ!」と叫び、自分たちの真の王であり救い主（メシア＝キリスト）である主イエスを見捨ててしまいました（ヨハネ19・15）。主イエスは、ご自分の国に来て、ご自分の民を全身全霊で愛したにもかかわらず、彼らに受け入れられずに殺されるというまったく理不尽な試練を経験されたのです（ヨハネ1・11等）。

主イエスが、生まれ育ったナザレの町の人々に、神の救いの福音を宣べ伝えられた時には、彼らは、子どもの時から、「マリアの子（私生児の意味）」と呼んで軽蔑していた主イエスを、神の御子、また救い主と信じないばかりか、主を町が立っていた丘の崖から投げ落とそうとしたのです。主イエスは、幼年時代から青年時代まで自分を軽蔑するナザレの町の大人も子どもも愛していましたが、預言者は自分の郷里では歓迎されないという試練を経験されたのです（ルカ4・16―30）。

主イエスは、弟妹たち一人ひとりを心から愛して養い育てただけでなく、神と人を愛する模範的な生活をし、ご自分が人類の救いのために遣わすと真の神が約束しておられた救い主であることを旧約聖書から丁寧に説明されました。両親のマリアやヨセフが経験した全能の神の不思議なお働きも証ししたにもかかわらず（ヨハネ2・12等）、彼らは、主が復活されるまで、自分たちの兄を、神の御子、また、救い主と信じることができませんでした。主イエスの身内の人たちは、主がおかしくなったといううわさを聞いて、主を連れ戻しに来ました（マルコ3・21）。家族や親族の無理解と不信仰も主イエスにとって大きな試練であったと思われます。

主イエスは、神の御国の福音を宣べ伝え、ご自分を救い主と信じ、主として従う決心をした者に洗礼を授けて弟子とし、彼らを育成して教会を建て上げる奉仕をされました。主ご自身は、ことば、態度、愛、信仰、純潔等すべてにおいて信者の模範で（Ⅰテモテ４・12）、熟練した神の真理のみことばをまっすぐに説き明かす、恥じることのない働き人として、自分を神にささげた伝道者で牧会者でしたが（Ⅱテモテ２・15）、神に逆らう人間の社会（世）での福音伝道と教会形成の奉仕は、困難と苦難を極めたものでした。

当時のイスラエルには、神からの祝福を求める人は多くても、神の愛が支配する生活と人生、共同体と社会（神の御国）を求めている人はたいへん少なく、弟子たちの中にも主ご自身につまずいて、離れ去っていった者が多くいました（ヨハネ６・66）。そういうわけで、世界で最初の教会のメンバーたちを、主イエスは、「小さな群れよ、恐れることはありません。あなたがたの父は、喜んであなたがたに御国を与えてくださるのです」と、常に励まさなければなりませんでした（ルカ12・32）。主イエスは、十二人の弟子を「使徒」に任命し、彼らを身近に置いて教え育て、神の愛の救いの福音を宣べ伝えさせ、病人を癒やし、悪霊を追い出す等の愛の働きをさせられました（マルコ３・14―15）。また、ご自分の弟子たちにだけは、神の真理について、すべてのことを解き明かし（同４・34）、ご自分が神の御子である証拠の奇跡の多くを弟子たちの前で行われましたが、弟子たちは、神の真理のみことばを理解できず、全能の神への信仰も成長しませんでした。そのため主イエスは、何度も「信仰の薄い人たち」と不信仰な弟子たちを叱り（マタイ16・8）、「まだ分からないのですか」等と無理解な彼らを嘆かれました（同16・9）。さらにまた、主イエスが弟子たちに、「わたしがあなたがたを愛したように、あなたがたも互いに愛し合いなさい」と命じられても（ヨハネ13・34）、彼らは、自分たちの中でだれが一番偉いかという議論を繰り返していました（ルカ9・46、22・24）。そして、最後の晩餐の後で主イエスが捕えられると、罪深い自分たちを救い、忍耐強い愛で養い育て、使徒として任命し、賜物を与えて、神と人を愛する尊い栄光の奉仕に用い、何度も命を助けてくださった主イエスを見捨てて全員逃げ去ってしまいました（マタイ26・56）。主イエスが建て始められた最初の教会は、一度崩壊してしまったのです。

主イエスの権威ある新しい教えと不思議で偉大なみわざに驚く人々もいましたが（マルコ1・22、27等多数）、反対者たちによって、主はいつも非難され、彼らから「悪霊どものかしら（悪魔・サタン）」と呼ばれていました（同3・22）。そしてご自分が予告しておられたとおり、奇跡を行う権威のある預言者として民衆にたいへん人気のあった主イエスを妬んで殺そうとしていた祭司長、律法学者たちによって死刑に定められ、ローマ帝国の総督に引き渡されました（同10・33）。不当な裁判によって有罪を宣告された主イエスは、ローマ兵たちによってむち打たれ、嘲弄され、十字架につけられ、多くの人々にののしられ、歴史上最も残酷な処刑方法によって死なれました（同15・15、20、24、29、37）。しかし、主イエスは、イザヤが預言していたように、嘲弄、非難、反対、迫害、不当な逮捕と裁判、むち打ち、死刑等の過酷な試練の中でもまったく口を開かず、ひと言の弁明もせずに（イザヤ53・7）、すべてを、正しくさばかれる父である神に任せておられました（Ⅰペテロ2・23）。そして、地上での生涯の最後に、神に最も愛された神の御子である主イエスは、十字架の上で世界人類のだれ一人経験したことがない、極限的な肉体的苦痛と絶望的な精神的苦悩を味わわれました。また、神に最も喜ばれ、一つの罪もない主イエスは、私たちの罪を負われたために完全な愛で互いに愛し合っておられた父である神から見捨てられるという、人知を超えた究極の霊的な苦しみと悲しみの杯を飲み干されたのです。

父である神の、主イエスに対する支援

父である神は、天からの直接の語りかけによって、御子・主イエスを支え、励まされました。主が、神の救いの福音を宣べ伝える働きを始める時に、父である神は、主イエスに聖霊を与え、「これはわたしの愛する子。わたしはこれを喜ぶ」と天から告げられました（マタイ3・16―17）。次に、主が、イスラエル各地方での伝道に区切りをつけ、十字架に向かって歩み始められる時、高い山の上で主の御姿が変わり、御顔が太陽のように輝き、御衣が光のように白くなっ

た時、父である神はみずから天から降って来て、光り輝く雲の中から、「これはわたしの愛する子。わたしはこれを喜ぶ。彼の言うことを聞け」と語られました（マタイ17・1―5）。この時、旧約時代を代表する二人の神のしもべモーセとエリヤが、栄光のうちに現れて、主イエスが人類の救いのために十字架で死なれることについて、一緒に話し合いました。旧約時代の神の民イスラエルをエジプトから命がけで救い出したモーセは、新しい神の民を罪と世と悪魔の支配から命を捨てて救い出す主イエスを励ましたことでしょう。堕落した神の民を偶像から真の神である主への信仰に立ち返らせるために命がけで戦ったにもかかわらず、十分な成果をあげられなかったエリヤは、ご自分の民を罪から救うために命を捨てるにもかかわらず（マタイ1・21）、ご自分の民から捨てられることになる主イエスに（ヨハネ1・11）、十字架の丘に向かっていく覚悟を決めさせたことでしょう。そして、主は、神から与えられた使命を果たすために、栄光に入ったモーセとエリヤとの出会いによって、ご自分も、苦しみを受けてから、栄光に入ることができる確信を得られたことでしょう（ルカ24・26）。

「これはわたしの愛する子、わたしはこれを喜ぶ」という、父である神の愛のみことばは、前半が、詩篇二篇七節、後半が、イザヤ書四二章一節のみことばであると考えられています。詩篇二篇は、地の王たちが救い主に逆らうが、神は救い主を復活させて、ご自分の子として世界に明らかに示し（ローマ1・4参照）、すべての主の主、王たちの王とされるという約束のみことばです。また、主イエスご自身は、「見よ。わたしが支えるわたしのしもべ、わたしの心が喜ぶ、わたしの選んだ者」という（イザヤ42・1）、神の愛のみことばで始まる、イザヤ書の後半で預言されている、神のしもべがご自分であり、父である神がご自分に関するすべての預言を必ず実現してくださると確信しておられたに違いありません。神は、自分を捨てて、仕える者（しもべ＝奴隷）になり、自分をむなしくして、十字架の死にまで神のみこころに従われた主イエスを（ピリピ2・7―8）、預言のとおりに、支え、神の聖霊を授けられました。父である神から遣わされた御子・主イエスは、神の預言のとおり傷んだ葦《あし》を折らず、くすぶる灯芯を消さない、弱い人々を愛して強くする奉仕をされたので、イスラエル人以外の異邦人は主イエスに望みをかけるようになりました（マタイ12・20―21）。主イエスは、神の苦難のしもべで、私たち罪深い人間の背きのために刺され、咎《とが》のために砕かれ（イザヤ53・5）、十字架で死ななければならないことを知っておられましたが、「見よ、わたしのしもべは栄える。彼は高められて上げられ、きわめて高くなる」という預言のとおり（同52・13）、父である神が、必ず、ご自分を、死者の中から復活させ、天上で神の右の座に着かせて、すべての名の上に高く置いてくださることも確信していたに違いありません（エペソ1・20―21）。さらにまた、主イエスは、愛の神のしもべであるご自分のいのちを、すべての代償のささげ物にするなら、永遠にご自分の霊の子孫を見ることができ、父である神の罪人を愛して救うみこころが成し遂げられ、ご自分のいのちの激しい苦しみの結果を見て、満足することができると心から確信して、十字架でご自分をいけにえとして喜んで神にささげられたのです（イザヤ53・10―11）。新約聖書が、「信仰の創始者であり完成者であるイエスから、目を離さないでいなさい。この方は、ご自分の前に置かれた喜びのために、辱めをものともせずに十字架を忍び、神の御座の右に着座されたのです」と教えているとおりです（ヘブル12・2）。

父である神によって、主イエスにしか耐えることができない数多くの苦難と試練を通して、私たちの救い主として完成された主イエスは（同2・10）、愛の神が与えられたすべての試練に耐えた幸いな人で、すべての試練に耐え抜いて良しと認められ、真実な神を愛する者に約束された永遠のいのちの冠を受けたお方です（ヤコブ1・12）。

私は、主イエスが、胎児の時から十字架の死に至るまでの全生涯で経験された、おびただしい数の想像を絶する試練を知った時、自分が今までに経験したいくつかの試練は、試練とはいえない小さな困難や軽い苦難でしかないことを認めざるをえませんでした。そして、主イエスが、私のほんとうの理解者、信頼できる援助者、完全な救い主になるために、それらの試練を経験してくださったことを知った時、人知をはるかに超えた愛でこんな罪深い私を愛してくださった主イエスに心からの感謝をささげ、主のために生き、主のために死ぬ決意を新たにしました。そして、私のような無に等しい者を、永遠に神の御国で生きることができる完全な神の子どもとするためにご自分の最愛のひとり子を私の身代わりに十字架でさばき、罪に対する刑罰である死を与え、見捨ててくださった父である神、また、私たちと同じ人間となられた御子・主イエスを、私たち人間の中の最初の人としてあらゆる試練を通して、永遠に神に喜ばれる神の子どもとして完成してくださった完全な永遠の愛の聖霊に、心からの賛美をささげ、すべてのことを、ただ、神の栄光を現すための歩みに励んでいます。

②父である神は、主イエスがすべての試みに勝利できるようにしてくださいました

主イエスは、何度も悪魔の試みにあわれましたが、父である神は、主がすべての試みに勝利できるようにしてくださいました。

悪魔（別名「サタン」の原意は「敵」）は、元はミカエルやガブリエル等の天使長の一人で、神のようになろうとして、神にさばかれ地に投げ落とされたと考えられています。主イエスも、「サタンが稲妻のように天から落ちるのを、わたしは見ました」と、弟子たちに語っておられます（ルカ10・18）。「悪霊」は、悪魔・サタンの手下で、堕落した悪い天使たちのことです。

悪魔・サタンは、神に逆らって生きている人間社会（聖書では「世」）を（神が許された範囲内でしかありませんが）、支配しているので、「（人間社会を取り巻いている）空中の権威を持つ支配者」と呼ばれ（エペソ2・2）、人間が、罪悪と世から救われることは、悪魔・サタンの支配から愛の

神の支配に立ち返ることといわれています（使徒26・18）。悪魔は、ライオンのように食い尽くすべきものを捜し求めて、世の中を歩き回っており（Ⅰペテロ5・8）、できれば、神の子どもたちもだまして、父である神に逆らわせるために策略を巡らしています（Ⅱコリント2・11参照）。父である神が、主イエスに無限に聖霊を与えられたので（ヨハネ3・34）、主は、聖霊の力を帯びておられ（ルカ4・14）、聖霊によって悪霊たちを追い出されました（マタイ12・28）。神は、天地創造の全能の力によって主イエスを強め、主が悪魔・サタンと闘って勝利するために神のすべての武具（真理の帯、正義の胸当て、平和の福音の備え＝靴、信仰の盾、救いのかぶと）」を与えられました（エペソ6・10―17）。主イエスは、聖霊に導かれて、悪魔の試みにあい（ルカ4・1―2）、聖霊が与えてくださる神のみことばの剣によって、悪魔のすべての試みに勝利されました（エペソ6・17）。

洗礼を受けた主イエスが、神の愛の救いの福音を宣べ伝える働きを始められる前に受けられた悪魔・サタンの三つの試みと、主がそれらの試みにどのように勝利されたかを学びましょう（マタイ4・1―11）。

最初の試みは「パンの試み」です。悪魔・サタンは、四十日四十夜断食した後で、空腹を覚えておられた主イエスに、「あなたが神の子なら、この石がパンになるように命じなさい」と試みました（同4・3）。この試みの第一の目的は、「あなたは、聖書にある神の命令に従って食を断ち、自分を苦しめているが、そんな苦しみをあなたに与える神はあなたを愛していないのではないか？」と、主に、父である神の愛を疑わせることでした。第二の目的は、「あなたは神の子なのだから、自分に必要なものは、自分がもっている神の力で手に入れなさい」と、神の御子である主イエスに、自分のために神の力を使わせることでした。第三の目的は、「人々にパンを与えて、あなたを信じるように導いてはどうか？」と、主イエスに、祝福の福音（ご利益宗教）を宣べ伝えさせることでした。この試みに対して、主イエスは、悪魔・サタンに、「人はパンだけで生きるのではなく、神の口から出る一つ一つのことばで生きる」と、申命記八章三節の神のみことばによって答えられました（同4・4）。神の愛のみことば（みこころ）に信頼して従い、自分のためには一度も神の力を使わず、祝福を与えて人々を信じさせることはされませんでした＝ご利益宗教の否定。

次の試みは「奇跡の試み」です。最初の試みに対して、みことばによって答えられた主イエスに、悪賢い悪魔・サタンは、「あなたが神の子なら、下に身を投げなさい。『神はあなたのために御使いたちに命じられる。彼らはその両手にあなたをのせ、あなたの足が石に打ち当たらないようにする』と書いてあるから」と、詩篇九一篇一一―一二節の神のみことばによって試みました（同4・6）。この試みの第一の目的は、「あなたが神のことばによって生きると言うなら、この詩篇の神のことばを信じて、神殿の頂上から飛び降りてはどうか？」と、主イエスに、神のみことばが命じていないこと（飛び降りる）をさせることでした。第二の目的は、主イエスに、神が、みことばのとおりに、御使いによって自分を守ってくださるかどうか確かめさせること、つまり、神を試させることでした。第三の目的は、「人々に、高い所から落ちても無傷だったというような奇跡を見せて、あなたを信じるように導いてはどうか？」と、主イエスに、奇跡の福音（奇跡宗教）を宣べ伝えさせることでした。この試みに対して、主イエスは、悪魔・サタンに、「あなたの神である主を試みてはならない」と、申命記六章一六節の神のみことばによって答えられました（同4・7）。神が命じておられないことは決してしないで、神の命令には喜んで従い、神の約束を疑ったり、神を試したりせず、奇跡を見せて人々を信仰に導くことはされませんでした＝奇跡宗教の否定。

最後の試みは「権力の試み」です。悪魔・サタンは、主イエスを非常に高い山に連れて行き、世界のすべての国々とその栄華を見せて、「もしひれ伏して私を拝むなら、これをすべてあなたにあげよう（世界は神のもので、悪魔のものではありませんから、これは悪魔の偽りの約束です）」と試みました（同4・8―9）。この試みの第一の目的は、「真の神でないものでも、たいへん価値のあるものを与えてくれるなら、一度だけ拝むことぐらいは、許されるのではないか？」と、主イエスに、全世界と引き換えに、一回だけとはいっても真の神でないものをひれ伏して礼拝させることでした。つまり偶像礼拝です。第二の目的は、「今すぐ、全世界の国々とそのすべての栄華を手に入れてはどうか」と、主イエスに、神のみこころに従って、世界と人類を救うために十字架で死に、復活してから全世界の王の王になる道ではなく、今すぐに世界を自分のものにして支配する道へ誘い込むことでした。第三の目的は、「政治的権力によって、人々を支配し、あなたを信じるように強制してはどうか?」と、主に政治的福音（国家宗教）を宣べ伝えさせることでした。この試みに対して、主イエスは、悪魔・サタンに、「あなたの神である主を礼拝しなさい。主にのみ仕えなさい」と、申命記六章一三節の神のみことばによって答えられました（同4・10）。真の神でないもの（偶像）をひれ伏して拝むことは、それがたとえ一度だけであっても、拝む対象（偶像）に仕え、従うことになると指摘――十戒でも、「偶像を拝んではならない。偶像に仕えてはならない」と、偶像を拝むことは偶像に仕えることになると教え、両方が禁じられています（申命5・9）――しました。人々に、「人は、たとえ全世界を手に入れても、自分のいのちを失ったら何の益があるでしょうか」と問いかけ（マタイ16・26）、政治的権力によって、人々に信仰を強制することはされませんでした＝国家宗教の否定。

主イエスは、祝福の福音（ご利益宗教）、奇跡の福音（奇跡宗教）、政治的福音（国家宗教）には、不信仰で不従順で罪深い人間を救うことはできないことを旧約聖書から学んで確信しておられたといってよいでしょう。旧約聖書時代の神の民であったイスラエルは、神が与えると約束してておられたカナンの地に定住するようになってから、神が自分たちを選んで愛し、エジプトの奴隷生活と民族の滅亡の危機から救い出してくださったことを感謝する「過越の祭り」を祝わなくなり、豊作等の祝福を祈り感謝する、「初穂の祭り」と「仮庵の祭り」を熱心に祝うようになりました。これは、まさにご利益宗教です。やがて、イスラエルは、真の神である主よりも豊かな収穫を与えてくれるという、偶像（バアル等）を礼拝するようになってしまいました。また、イスラエルの民は、エジプトから救い出される時に、十の災害や紅海が分かれる等、数多くの、神の偉大な奇跡を経験しましたが、その後、大半の人々は、不信仰、また不従順になってしまいました。イスラエルの民と同じ心がすべての人の中にあることを知っていた主イエスは、ご自分が行われた奇跡を見て信じた人々を信頼されず、彼らにご自身をお任せになりませんでした（ヨハネ2・23—25）。さらにまた、真の神を畏れ敬う数人の王たちが、真の神に逆らい、偶像礼拝をするようになったイスラエルの国の宗教改革をし、盛大に過越の祭りを祝ったり、真の神のみことばに従うように国民に命じたりしました。しかし、王の命令に従って悔い改めたイスラエルの民は、しばらくすると再び偶像礼拝を始めてしまいました。このように、旧約聖書時代のイスラエル人の歴史は、ご利益宗教、奇跡宗教、国家宗教が自分中心な罪深い人間を救うことができないことを明らかに示しています。

そういうわけで、真の神が偶像礼拝をやめなかったイスラエルの民をさばかれた時代に、預言者エレミヤやエゼキエル等は、やがて神がご自分の民に「新しい霊」と「新しい心」を与えてくださり、彼らが神のみことばを喜んで実行できるようにするという「新しい契約」の預言をしたのです。御子・主イエスは、聖霊に満たされていたので、新しい霊と新しい心で、神のすべてのみことばを喜んで実行することができたのです。そして、御子・主イエスが宣べ伝えられた神の救いの福音は、自分中心な生き方を悔いて改め、愛の神を信頼して従う決心をするすべての人に、聖霊によって新しい霊（人格）と新しい心が与えられるという、新生の福音です（ヨハネ3・3等）。主イエスが、私たち主の弟子と結んでくださるのは、エレミヤやエゼキエルが預言していた「わたし（主）の血（いのち）による、新しい契約」です（ルカ22・20等）。

主イエスが「下がれ、サタン」と宣言されると、悪魔・サタンは、すべての試みに神のみことばによって勝利された主イエスを離れていき、神の御使いたちが近づいてきて、主に仕えました（マタイ4・10―11）。主イエスが神に信頼して、神のみことばに従い、悪魔・サタンに立ち向かわれたので、悪魔・サタンは逃げさったのです（ヤコブ4・7）。神の御子・主イエスが、この世界に来られたのはこの世を支配している悪魔・サタンの働きを打ち破るためでした（Iヨハネ3・8）。

③　父である神は、主イエスを、悪い者から救ってくださいました

「主の祈り」の最後の祈りは、「悪からお救いください」とも、「悪い者からお救いくださ

い」とも訳すことができます。悪い者とは、悪意をもった人格的存在で、悪魔・サタン、悪人、敵等です。また、「お救いください」の「救い」は、私たちを、罪と死と滅びから救って、永遠の神の御国で生きる者にしてくださるという永遠の救いではなく、神に逆らう人間社会である、「世」の中での生活と人生における、悪い者のさまざまな働きかけからの救い（救出や解放）を意味しています。

父である神は、主イエスを、すべての悪い者のすべての悪い働きかけから救ってくださいました。愛の神は、主イエスを悪魔・サタン、王たち、律法学者や祭司長等、すべての悪い者の手から救い出し、主が生涯のすべての日に、恐れなく神に仕えることができるようにしてくださいました（ルカ1・74—75）。神はまた、何度も「死の危険」から、主イエスを救い出してくださいました。ヘロデ大王は、幼子イエスを殺そうとし（マタイ2・13）、主の故郷の町の人々は、主イエスを崖から突き落とそうとし（ルカ4・29）、預言者のバプテスマのヨハネを殺したヘロデ・アンティパスは主イエスも殺そうとしましたが（同13・31）、父である神は、これらのすべての死の危険から主イエスを救い出してくださいました。人類の救い主は、エルサレム（十字架）以外の所で死ぬことはありえないからです（同13・33）。また、ガリラヤ湖の大暴風と大波は、小舟に乗った主イエスと弟子たちを殺そうとした悪魔の攻撃と考えられますが、自然を支配する権威を父である神から与えられていた主イエスは、風と湖を叱りつけて従わせ、弟子たちを悪い者から救い出されました（マタイ8・24―26）。ユダヤ人たちは、「わたしと父（である神）とは一つです」と明言し、ご自分を真の神と等しい神の御子であると宣言された主イエスを、神を冒瀆《ぼうとく》した罪で石打ちにして殺そうとしました（ヨハネ10・31）。しかし、父である神は、私たちを律法の呪い（旧約聖書にある神の法律による罪のさばきと刑罰の死）から贖《あがな》い出すために、主イエスを「木にかけられた者はみな、のろわれている」という神のみことばどおりに、ローマ法の国家反逆罪に対する死刑である十字架の木にかけ、呪われて当然の私たちの身代わりに、呪われた者としてくださいました（申命21・23、ガラテヤ3・13）。

このように父である神は、悪人、敵、悪魔等のすべての悪意や殺意、策略や迫害から、主イエスを救い出し、主が神から信託された使命をすべて果たすことができるようにしてくださったのです。

私は、すべての悪魔・サタンの試みに勝利された主イエスを心からほめたたえ、罪と世と悪魔・サタンに打ち勝たれた圧倒的な勝利者である主を誇り心から信頼しています。また、私は、御子・主イエスに完全な勝利を与え、さらに、主を信頼して従う私たちにも勝利者である主イエスによって、勝利を与えてくださる全能の愛の神に、心からの感謝と賛美をささげます。

8　主イエスのように祈りましょう

このように、「主の祈り」は主イエスご自身が父である神に祈られ、父である神が「主の祈り」をすべて主イエスの人生において実現された「主イエスの祈り」なのです。「主の祈り」を祈り、実行する人は、主イエスに似た者へ成長していくことができます。毎日、個人礼拝と家庭礼拝で、毎週の主日(日曜日)、教会の礼拝で、一人で、家族で、神の民として、「主の祈り」を祈り、主イエスに似た者へと造り変えられていく、この上なく幸いな人生の旅を始めましょう。

第三章　天におられます私たちのお父さん

神の御子、主イエスは、ご自分が、全知全能の唯一の真の神を「お父さん」と呼んでおられたように、私たちにも、世界と人間を創造された神を、怖がったり、遠慮したりせず、むしろ、喜んで、「お父さん」と呼びなさいと勧めておられます。

1　「お父さん」と呼びましょう

①主イエスの「お父さん」である神が、私たちの「お父さん」になってくださいました

私は、教会に行くようになって二、三か月たった頃、牧師から、「祈る時は、『天の父なる神様』と言いなさい」と教えられました。それから三年ほど、私は、いつも、全知全能の神を畏れ敬う心をもって、「父なる神様」と祈っていました。しかし、「主の祈り」を学んで祈るようになってから、「父なる神様」という呼びかけが、堅苦しいものに思えるようになったのです。

その後、母教会を離れて、東京の神学校に入った私は、毎朝早く、校舎の屋上で祈っていました。そして、四十五年ほど前のある朝、私は、ひざまずいて、黙って天を仰ぎ、ひたすら、全知全能の永遠の神、宇宙を創造して支配しておられる神、主イエスの父である神、愛に満ちあふれておられる神を想《おも》っていました。二、三十分後、私は、「このすばらしい神が私のお父さんなのだ」という感動と喜びに満たされ、天に向かって、ひとこと「お父さん！」と心から叫びました。その瞬間、目から涙があふれ、しばらくの間、感激の涙を流し続けていました。その朝の祈りはこのひとことだけでしたが、それは、創り主であり救い主である神に対する私の心からの賛美であり、罪深い私が、主イエス・キリストの恵みによって救われ、全知全能の神の子どもとされたという驚くべき救いへの感謝と、完全な永遠の愛の父である神への信仰と希望と愛の告白でもありました。この日から私は、一人で祈る時にはよく、教会で祈る場合も時々、聖なる神を「お父さん！」と呼ぶようになりました。あなたもぜひ、全知全能の唯一の神、世界と人間を創造された神に、「お父さん！」と呼びかけてください。それは、主イエスの「お父さん」である神が、私たちの「お父さん」になってくださったからです。

聖書は、唯一の真の神が、主イエス・キリストを信じて受け入れた人々に、神の子どもとされる特権をお与えになったと宣言しています（ヨハネ1・12）。主イエスを信じた人々は、父である神が、御子の聖霊を与えてくださるので、神の子どもとされ、全知全能の唯一の真の神を

「アバ（主イエスが使っておられたアラム語の『お父さん・パパ』）」と呼ぶことができるのです（ガラテヤ4・6、ローマ8・15）。主イエスの父である神は、あなたが神を敬わず、愛さず、信頼せず、神に従っていない人（聖書では「罪人」）でも、愛し、赦し、聖霊によって新しく生まれ変わらせ、ご自分の子どもにしてくださいます（エペソ1・5）。ぜひあなたも、神の御子、主イエス・キリストを信じて、愛に満ちておられる神の子どもにしていただきましょう。またもしあなたがすでに、神の子どもとされているなら、ぜひどうぞ、喜んで、唯一の真の愛の神を、主イエスのように、「お父さん！」と呼んでください。

父である神の救いのご計画は、私たちを御子（主イエス）のかたちと同じ姿にすることです（ローマ8・29）。主イエスの父である神は、私たちを、主イエスと同じように、ご自分の子として扱い（ヘブル12・7）、神の御子・主イエスと同じ、神を愛して敬い、信頼して従う人、神から与えられた使命を果たす人、隣人を愛する人として成長させ、やがて、キリストと同じ栄光の姿に完成してくださいます（ピリピ3・21等）。

②主イエスの「お父さん」は、「私たちのお父さん」です

主イエスは私たちに、「私のお父さん」ではなく、「私たちのお父さん」と祈るように勧めておられます。「私たち」と、主イエスが言われる時の「私たち」とは、まず第一に、私（あな

た）と神の子どもとされた教会の兄弟姉妹たちです。主イエスの父である神は、あなたと私のお父さんであるだけでなく、神の子どもとされた兄弟姉妹たちみなのお父さんなのです。

主イエスは私たちに、祈る時は自分の部屋で一人で祈るように教えておられますが（マタイ6・6）、一人で祈る時でも、自分のためだけでなく、すべての兄弟姉妹たちのために祈らなければなりません。使徒パウロも、すべての聖徒（神に仕える者とされた教会の信者たち）のために祈るように勧めています（エペソ6・18）。私たちは、「主の祈り」を祈る時、全世界の教会のすべての兄弟姉妹たちによって、愛の神の御名があがめられ、神が愛によって支配される御国（教会）が建て上げられ、神の愛のみこころが行われ、すべての兄弟姉妹たちが、日ごとの糧を与えられ、試練によって成長し、試みに勝利し、悪い者から救い出されるように祈るのです。「主の祈り」は、世界中の教会が全世界の教会のために互いに祈り合っている祈りなのです。

また、「主の祈り」は、私（あなた）と兄弟姉妹たちがともに祈る祈りです。私は、毎朝、神の子どもで、私の霊の妹である妻とともに、家庭礼拝をささげています。賛美歌集を一番から順番に一曲ずつ賛美し、聖書を朗読し、聖書日課（聖書の解説書等）を読んで祈りますが、必ず最後に「主の祈り」をささげます。あなたも、もし家族の中にあなたのほかに神の子ども（兄弟姉妹）がいたら、ぜひ毎日、家庭礼拝で「主の祈り」をともに祈ってください。また、私は、牧師として奉仕した教会の礼拝式で、毎週、すべての兄弟姉妹たちとともに「主の祈り」をささげてきました。ぜひあなたも主イエスを信じて、天の父である神の子どもとされ、神の家族である教会で、兄弟姉妹とともに「私たちのお父さん」と神を呼び、「主の祈り」をささげてください。

さらにまた、私たち、神に愛されている神の子どもたちは、心を一つにして、すべての人を愛しておられる父である神に、全人類のために、「主の祈り」を祈らなければなりません。神は、全人類の創造主であり（使徒17・25）、主イエスの父である神は、すべての人が救われて、神の真理を知るようになるのを望んでおられるからです（Ⅰテモテ2・4）。

私たちは、一人でも多くの人が、私たちとともに「天の私たちのお父さん」と祈り、愛の神の「御名」をあがめるようになるように、この世界の中に神が愛によって支配される神の「御国」が広がり、世界中で神の愛の「みこころ」が行われるように全世界の教会とともに祈りましょう。全世界の人々に「日ごとの糧」が与えられ、すべての人が、互いに「許し合う」ようになり、すべての「試練」によって成長し、「試み」に勝利し、「悪い者」から救い出されるように祈り、全世界に「主の祈り」を実現するために、神の愛のお働きに参加しましょう。

第二に、「私たち」とは、主イエスと私（あなた）です。「主の祈り」はすべて、主イエスが祈り、主の父である神がすべてこたえられた祈りです。あなたと私がこの祈りを祈る時、主イエスは一緒に私たちのお父さんに祈ってくださるのです。主イエスのお父さんである神は、私たちが主イエスとともに「主の祈り」を祈る時、主イエスの祈りにこたえて、「主の祈り」を私たちの生活と人生に実現してくださるのです。「主の祈り」は、主イエス・キリストのお名前によって（主にあって）祈る祈りで（ヨハネ15・16、16・23等）、主イエスのお父さんであり、私たちのお父さん」である愛の神が、必ず実現してくださる祈りなのです。

2 「天のお父さん」に祈りましょう

① 私たちは「天におられるお父さん」に祈りましょう

「私たちのお父さん」である神がおられる「天」とは、どこなのでしょうか。聖書の中には三つの「天」があります。第一の天は大空で、鳥は天の大空を飛びます（創世1・20）。第二の天は宇宙（星の世界または「時空間」）で、神はそこに、太陽と月と数え切れない星を造られました（同15・5）。第一と第二の天を併《あわ》せた世界は、日本語の「自然」とほぼ同じでしょう。宇宙である天は神の栄光を現し、大空である天は神のお働きに満ちています（詩篇19・1）。しかし、天も地も、自然も人も、父である神によって創造されたもの（聖書では「被造物」）であって、神ではありませんから、私たちは自然を神として礼拝しないで、自然を創造して支配しておられる神を礼拝します。

エルサレムに壮大な神殿を建てたソロモンは、「天も、天の天も、（天地創造の神である）あなたをお入れすることはできません。まして私が建てたこの宮など、なおさらのことです」と祈っています（Ⅰ列王８・27）。私たちは、天と地、自然と人間を創造された偉大な父である神に、賛美と感謝と願いをささげるのです。

聖書の中の第三の天が、私たちのお父さんがおられるところで、この天に一つの御座があり、その御座に着いている方が、父である神です（黙示録４・２）。使徒パウロは、自分が第三の天にまで引き上げられたことを証しして、そこを「パラダイス」と呼んでいます（Ⅱコリント12・2―4）。パラダイスは、主イエスが十字架の上で、主が死んでも復活し、天の永遠の神の御国の王になられると信じた犯罪人（主の右側の十字架に架けられていたので「右側の人」）に、「あなたは今日、わたしとともにパラダイスにいます」と約束された所です（ルカ23・43）。主イエスを信じた人はみな、第三の天であるパラダイスに引き上げられ、永遠に、御子とともに、父である神を、聖霊によって礼拝し、神に仕えるのです。

第三の天は、あえて現代的に表現すると、「至高の（最も高い）天」、または、「至高次元世界」といえるでしょう。私たちが住んでいる世界（宇宙）は、３Ｄ（三次元）の立体空間世界と時間を併せた四次元世界（時空世界）です。現代の科学者は、私たちの世界の外側にあると思われる五次元世界の存在を証明しようとしています。しかし、私たちのお父さんである真の神がおられる天は、有限な空間を超えた「無限」の、時間を超えた「永遠」の、人間の目には見えない「霊」の、これ以上高い世界はない至高次元世界です。

ちなみに私は、四十年以上前から、聖書の完全数が七なので、至高の神の世界は七次元世界であると説明しています。この至高次元世界は、その他のすべての低い次元世界の外また上にあり、すべての世界は（私たちが住む四次元世界も）、この至高の世界に包まれているのです。私たちの住む世界の下には、無限で永遠の神の御腕があり（申命33・27）、私たちの時間も、永遠の神の御手の中にあるのです（詩篇31・15）。旧約聖書時代の詩人は、「主（神）よ　あなたは永遠に　いと高き所におられます」と、至高の天におられる神をほめたたえ（同92・8）、使徒パウロは、新約聖書で、「神は私たち一人ひとりから遠く離れてはおられません。『私たちは神の中に生き、動き、存在している』」と教えています（使徒17・27―28）。

② 「天におられるお父さん」はひとりです

「天におられる私たちのお父さん」である神は、おひとり（新約聖書の原典で「父」は単数）の神です。第三の天（至高次元世界）にいて、第二の天（宇宙）と第一の天（大空）、そして地とその中にあるすべてのものを支配しておられる神は、ただ一人です。聖書が、「すべてのものの上にあり、すべてのものを貫き、すべてのもののうちにおられる、すべてのものの父である神はただひとりです」と宣言しているとおりです（エペソ４・６）。この至高の天におられ、すべての世界とその中にあるすべてのものを創造して支配しておられる、全知全能の唯一の神だけが、「主の祈り」を、すべて完全に実現することができる神なのです。あなたも、天におられる私たちのお父さんが必ず実現してくださる「主の祈り」を、まず主イエスと二人で、次に、同じ神の子どもとされている家族とともに、毎日祈り、また教会の兄弟姉妹たちとともに毎週祈ってください。そして、「主の祈り」を祈って実現された神の御子・主イエスに似た者へ少しずつ変えられていく、この上なく幸いな人生を歩んでください。

第四章　御名があがめられますように

「あなたがたは……何をするにも、すべて神の栄光を現すためにしなさい」（Ⅰコリント10・31）。このみことばは、信者になってもまだ自分のために生きていた私の人生の目的と生き方をまったく変えた神のみことばです。私は、このみことばを受け入れ従う決心をした日から、神をほめたたえ神の栄光を現すために、日々神に祈りつつ生きるようになりました。

数百もの神をほめたたえる曲を作ったＪ・Ｓ・バッハは、楽譜の最初にラテン語で、「ＪＪ（「イエスよ。助けてください」の意味）と書いて作曲を始め、曲が完成すると、楽譜の最後に、「ＳＤＧ（ラテン語の『ただ神の栄光のために』を意味する語句の頭文字）」と書きました。バッハは、神の栄光のために、祈りつつ作曲し、作曲した曲を演奏して神をほめたたえたのです。「主の祈り」の最初の祈り、「御名があがめられますように」も、あなたの人生の目的と祈りと生き方を変える祈りです。私は、あなたも、この祈りを心から祈り、神をほめたたえ、神の栄光を現すために生きる、幸いな人になっていただきたいと心から願っています。

1　喜びに輝いて、神を賛美しましょう

①まず第一に、神を賛美しましょう

神を礼拝し、神をほめたたえることは、すべての人間にとって最高の特権であり最優先の使命です。聖書は、天地の創造主への賛歌で始まり（創世記）、世界の歴史の中で、神の御名をほめたたえた多くの人たちの物語を伝え、新天新地の創造主への永遠の賛歌で終わります（ヨハネの黙示録）。神の子どもとされた私たちも、天地創造の唯一の真の神を、礼拝し賛美した無数の人々のように、神を礼拝し、ほめたたえ、仕える者にならなければなりません。

主イエスはなぜ、まず最初に父である神の御名があがめられるように祈ることを命じられたのでしょうか。それは、生まれつき自分中心な人間の祈りのほとんどが、自分や自分の家族や友人のための願いだけだからです。神がくださる幸福や祝福を願い求める人は大勢いますが、まず第一に、神を賛美し神がほめたたえられることを、熱心に願い求める人は少ないのです。

多くの神の子どもは、自分と自分にとって大切な人々のための「願い」や「とりなし」、また、神の恵みに対する「感謝」の祈りをささげますが、どれほど神を「賛美」しているでしょうか。あなたが神の子どもなら、ぜひ祈りの最初に常に、「天のお父さんである神様。あなたのお名前をほめたたえます」と賛美をささげてください。私は祈る時、手を組み、最初に、親

指を見て父（親）である神を賛美します。次に、人差し指で神の恵みを一つずつ数えて、神に感謝します。中指で、心の中にある神への信仰と希望と愛を天に向け告白します。続いて、病気等の癒やしを指し示す薬指は、私を、家族や教会の兄弟姉妹、また友人やすべての隣人の健康と幸いと救いのための、とりなしの祈りへ導きます。最後に小指を見つつ、神の子どもとして、小さな願いを父である神にささげます。ぜひあなたも、賛美、感謝、告白、とりなし、願いの祈りをしてください。

自分中心な私たちに、主イエスは、まず第一に神をほめたたえ、御名をあがめるように命じられます。私は常に、私の中にあるすべてのよいものは、神から与えられたものですと告白するようにしています。「主の祈り」を祈る私たちは、まず最初に、自分自身の、自分を第一にする自分中心さを悔い改めて、「私たちにではなく　主よ　私たちにではなく　ただあなたの御名に　栄光を帰してください」と（詩篇115・1）、栄光をただ神の御名にのみ帰し、まず第一に、御名をあがめる者にならなければなりません。

②神（の御名）を知り、喜びに輝いて神を賛美しましょう

私たちは、神が、私たちのためにしてくださったこと（神のお働き）と、神が私たちに与えてくださった恵みを知って神に感謝しますが、賛美は、神ご自身のすばらしさを知って喜びに輝

いてささげる祈りです。天の父である神がどのようなお方で、どれほどすばらしい神であるかは、神の御名に現されていますから、神のすばらしい御名を知ることが神のすばらしさを知ることになるのです。

旧約聖書には、三つの主要な神の御名があります。最初の御名は「神」です（創世1・1等多数）。「神」という御名には、天地の創造主、世界の支配者、さばき主という意味があります。

二つめのたいへん重要な御名が「主（新改訳では太い活字で印刷）」です（同2・4等多数）。この御名には、モーセが神に御名を聞いた時、神が「わたしは『わたしはある（わたしはいる）』という者である」と答えられたとおり（出エジプト3・14）、だれか、また、何かによって存在させてもらうのではなく、ご自分ひとりで存在できる（自立自存）、永遠に存在される神で、私たちといつもともにいてくださる神（マタイ1・23）、また、私たちと豊かな恵みを与える契約（約束）を結んで実行してくださる神、さらに、救いの神（聖書では「救い主」）等の意味があります。「主」の御名を呼び求める者はみな救われ（ヨエル2・32、ローマ10・13）、「主」に救われた者は、「主」の御名によって礼拝し祈る「主」の民となるのです（創世4・26）。

三つめの御名は「主」で（同15・2等多数）、主権者、主人等の意味があります。

私たち、「神」に創造された人間は、すばらしい世界を創造して、愛によって支配しておられる「神」の御名をあがめて、神が造られた地球環境の保全、すべての生物の保護、全人類の福祉のために働かなければなりません。また、私たち、「主」に救われた「主」の民は、すべての人の救いを願っておられる「主」の御名をあがめて、すべての人に「主」の救いの福音を宣べ伝えなければなりません。さらに、「主」のしもべ（聖書の原語では「奴隷」）とされた私たちは、私たちを愛して用いてくださる「主（人）」を敬って、主のしもべとして、主と主が愛しておられる人々に、喜んで仕える者として、成長していかなければなりません。

神が、ご自分から示された（自己啓示の）御名には、「全能の神」（創世17・1）、「盾」（同15・1）。「癒やす者」（出エジプト15・26）等があり、旧約聖書の中で、神の民によってくり返し呼ばれる御名は、「あわれみ深く、情け深い神。怒るのに遅く、恵みとまことに富（む神）」です（同34・6、詩篇103・8等）。旧約聖書の歴史は、神である主が、これらの御名のとおりのお方であることを、明らかに示しています。

旧約聖書には、また、神の民が呼んだ神の御名があります。「エル・ロイ（私を見てくださる神）」（創世16・13）、「アドナイ・イルエ（主が備えてくださる＝必要なものを必要な時に備えてくださる神）」（同22・14）、「アドナイ・ニシ（主はわが旗＝私たちのために戦って勝利を与えてくださる神）」（出エジプト17・15）。「アドナイ・シャロム（主は平安＝平和、完成、完全の神）」（士師6・24）、「私の羊飼い」（詩篇23・1）、「万軍の主（天の御使いたちの軍勢の長）」（イザヤ6・3等）、「私たちの義」（エレミヤ23・6）、「アドナイ・シャンマ（主はそこにおられる）」（エゼキエル48・35）等です。また、御名の宝庫と言える詩篇には、「力なる主、巌《いわお》、砦《とりで》、救い主、岩、神、盾、救いの角、やぐら、ほめたたえられる方」（詩篇18・1―3参照）、「世々にわたって、永遠の王」（同10・16）、「私の光」（同27・1）「われらの避け所　また力。苦しむとき　そこにある強き助け」（同46・1）、「日々　私たちの重荷を担われる方」（同68・19）、「太陽」（同84・11）、「復讐《ふくしゅう》（してくださる神）」（同94・1）、「（私たちを）守る方」（同121・5）等の、数多くのすばらしい御名があります。

私は、主日（日曜）の礼拝式で、牧師として教会を代表して祈りをささげる時は、毎回、祈りと願いの内容にふさわしい御名を呼ぶようにしていました。例えば、主の羊である教会員のために祈る時は、「羊飼いである主よ」、病気の人々のためにとりなす時は、「癒やし主である神様」、困難や苦難の中にいる人々のために祈る時は、「助け主よ」等々です。また、私が個人礼拝で、最もよく呼び、喜んでほめたたえている御名は、「いつもともにいてくださる神（インマヌエル）」です。ぜひ、あなたも、旧約聖書、特に詩篇をよく読み、神が自己啓示された御名と、神の民が呼んだ御名を知って、その御名をあがめ、呼んで、祈ってください。またあなたが人生の歩みの中で、神がどんなお方かを経験していたなら、その神にふさわしい聖書の中の御名を、あなたの神の御名として呼び、祈ってください。

主イエスが、新約聖書で教えられた、最も重要な神の御名は、「父（お父さん）である神」です。「父」という御名は、すでに紹介した他のすべての神の御名の意味を含む「総称」と言える御名です。主イエスは、父である神が、「天地の主であられる父」（ルカ10・21）、「聖なる父」（ヨハネ17・11）、「正しい父」（同17・25）等であると教えておられます。新約聖書で、父である神は、私たちのために、ご自分の御子、主イエスをさえ惜しむことなく死に渡された方で（ローマ8・32）、「あわれみ深い父、あらゆる慰めに満ちた神」（Ⅱコリント1・3）、「霊の父」（ヘブル12・10）とも呼ばれています。

使徒パウロは、世界の終わりに、全世界のすべてのものが御子・主イエスに従う時、主ご自身も、ご自分にすべてのものを従わせてくださった、父である神に従われ、神がすべてにおいてすべてとなられると教え（Ⅰコリント15・28）、「すべてのものが神から発し、神によって成り、神に至るのです。この神に、栄光がとこしえにありますように。アーメン」と（ローマ11・36）、喜びに輝いて、父である神をほめたたえています。

③主イエス（の御名）を知り、喜びに輝いて主を賛美しましょう

主イエスの御名の中で、特に重要な御名は、「イエス」と「キリスト」です。「イエス」は、個人名で、ヘブル語名の「ヨシュア」のギリシア語形で、「主は救いです」という意味があります。「キリスト」は個人名や名字でなく、称号（タイトル）で、ヘブル語では、「メシア」といい、「油注がれた者」という意味です。イエスがキリストであるということは、旧約聖書時

代に、頭にオリーブの油を注がれて（任職されて）奉仕をした、大祭司、預言者、王の三つの職務を、主イエスが一人で担われるということです。私は、聖書を読んだことがない人には、「キリスト」を「救い主（あるいは救いの神）」と意訳して説明しています。また、「主イエス・キリスト」という表現は、ナザレ出身のイエスという名の人が、「主」（旧約聖書の「主」と「主〔人〕」の両方の意味が含まれていると理解されています）、また、「キリスト（メシア）」ですという信仰告白です。

主イエスが、ご自分から示された（自己啓示の）主な御名には、「人の子（神のしもべで、永遠の神の国の王となる人）」（ヨハネ3・13等多数）、「（神の）ひとり子」（同3・16等）、「天から下って来た生けるパン」（同6・35、51等）、「世の光」（同8・12等）、「わたしはある（出エジプト3・14の『わたしはある』と同じ）」（同8・58）、「羊たちの門」（同10・7等）、「良い牧者」（同10・11）、「よみがえり、いのち」（同11・25）、「道、真理、いのち」（同14・6）、「ぶどうの木」（同15・5）等です。

また、聖書の中には、主イエス・キリストの御名が数多くあります。例えば、旧約聖書で、イザヤは、主イエスのことを預言して、「不思議な助言者、力ある神、永遠の父、平和の君」という、四つの主の御名を挙げています（イザヤ9・6）。新約聖書の中にある重要な主イエスの御名は、「インマヌエル」（マタイ1・23）、「生ける神の子」（同16・16）、「教師」（同23・8）、「ことば」（ヨハネ1・1）、「世の罪を取り除く神の子羊」（同1・29）、「世の救い主」（同4・42）、

「すべての人の主」(使徒10・36)、「土台」(Iコリント3・11)、「過越の子羊」(同5・7)、「岩」(同10・4)、「最後のアダム」(同15・45)、「教会のかしら」(エペソ5・23)、「神と人との間の仲介者」(Iテモテ2・5)、「大祭司」(ヘブル6・20等)、「信仰の創始者であり、完成者」(同12・2)、「傷もなく汚れもない子羊」(Iペテロ1・19)、「(すべての人の罪を贖《あがな》う)宥《なだ》めのささげ物」(Iヨハネ2・2等)、「アーメンである方、確かで真実な証人、神による創造の源である方」(黙示録3・14、19・11)、「屠《ほふ》られた子羊」(同5・12)、「主の主、王の王」(同17・14、19・16)、「アルファであり、オメガ(神の真理のすべて)である。(神のすべてのお働きの)最初であり、最後(神の歴史の)である。初めであり、終わりである」(同22・13)等々です。このような、旧約聖書と新約聖書の中にある主イエスの御名は、数十にもなるといわれています。

私は、インマヌエルである主イエスとともに歩んできた五十数年間に、主がこれらの御名のとおりのお方であることを経験し、教会の礼拝式でも、個人礼拝でも、これらのすばらしい主イエスの御名を心からほめたたえています。

④ 聖霊(の御名)を知り、喜びに輝いて三位一体の神を賛美しましょう

私たちはさらに、聖霊の御名を知って、聖霊の神をほめたたえましょう。聖霊は、「神の御霊」(マタイ3・16)、「神の聖霊」で(エペソ4・30)、父である神と等しいお方です。聖霊はま

た、「御子の御霊」で（ガラテヤ4・6）、私たちを神の子どもにし、父である神を「アバ（お父さん）」と呼ぶことができるようにし、「キリストの御霊」として（ローマ8・9）、私たちを永遠にキリストのものにしてくださいます。

聖霊は、「約束の（神が与えると約束されていた）聖霊」で（エペソ1・13）、十字架で死んで復活し、神の右の座に上げられたイエスを、自分のキリスト（救い主）また主と信じて従うすべての人に、賜物（神からのプレゼント）として与えられ（使徒2・38）、聖霊は、私たちのうちに永遠に住んでくださいます（ヨハネ14・17）。聖霊は「助け主」として私たちを助け（ヨハネ14・16）、「真理の御霊」（同14・17）、また、「知恵と啓示の御霊」（エペソ1・17）である聖霊は、私たちをすべての神の真理に導き入れ（ヨハネ16・13）、聖書のみことばによって、私たちに神のみこころを示してくださいます。さらに聖霊は「いのちの御霊」として、私たちを罪と死の原理から解放して、新しいいのちに満たしてくださいます（ローマ8・2）。神から「恵みの御霊」を受けた私たちは（ヘブル10・29）、（聖霊の）霊感（インスピレーション＝導き）によって書かれた聖書（神のみことば）を（Ⅱテモテ3・16）、聖霊の照明（イルミネーション＝解明）のお働きによって理解し、聖霊に満たされて、神のみことばを実行することができるのです。

聖霊は、私たちの生活と人生に、主イエスが結ばれたような愛の実を結ばせ（ガラテヤ5・22―23）、私たちにさまざまな賜物（奉仕をする能力）を与え（ローマ12・3―8、Ⅰコリント12章等）、主イエスがされたような奉仕をさせてくださるだけでなく、「栄光の御霊」として（Ⅰペテロ4・14）、私たちみなを、鏡のように主の栄光を反映させながら、栄光から栄光へと、主と同じかたちに姿を変えてくださいます（Ⅱコリント3・18）。「イエスを死者の中からよみがえらせた方の御霊」（ローマ8・11）、また、「とこしえの御霊」である聖霊は（ヘブル9・14）、主イエスのように、私たちも復活させ、栄光の主と同じ姿に変えてくださいます（ピリピ3・21等）。私たちは聖霊のお働きによって、救われ、神の子どもとされ、助け導かれ、主イエスに似た者へ造り変えられ、やがて、復活された主と同じ栄光の姿に完成されるのです。

私は、父である神が計画し、御子・主イエスが実現された、愛の神の完全な永遠の救いを、私に与え、完成してくださる聖霊の御名を心からほめたたえています。ぜひあなたも私とともに、父である神、御子・主イエス・キリスト、聖霊の、三位一体の愛の神の御名をほめたたえてください。

2　嘆き悲しみながら、祈りましょう

①泣きながら祈りましょう

私にとって、「天におられます、私たちのお父さん。あなたの御名が、あがめられますよう

に」という祈りは、涙なしには祈れない祈りです。なぜ私たちはこんな祈りを祈らなければならないのでしょうか。それは、天では、昼も夜も、絶え間なく、神があがめられているにもかかわらず（黙示録4・8）、地上では、真の神の御名がほとんどあがめられていないからです。私たち神の子どもに、「おまえの神はどこにいるのか。いるなら見せてみろ」と言う人が多いこの国で、私は、心の中で涙を流しています（詩篇42・3）。

この国に住む大半の人々が、完全な永遠の愛ですべての人を愛しておられる、父である神の御名をほめたたえていません。ほんとうに私はくやしいのです。また、とても悲しいのです。多くの人が、自分中心になって、愛の神のみことばを実行しようとしないために、神に祝福された幸いな人生を歩めないでいるので、私の目から涙が流れ落ちます（同119・136）。私は、しばしば泣きながら、「愛に満ちあふれておられる私たちのお父さん。どうか、この国に、あなたの御名をあがめる人を増し加えてください」と祈ります。

私たち神の子どもが、父である神の愛の救いの福音を宣べ伝える最終目的は、人が救われて、永遠に幸いな人になることではなく、人々を神の御名をあがめ、神と人を愛する人にすることによって、愛の神の栄光を現すことです。ですから、私は泣きながら、「御名があがめられますように」と祈りつつ、涙とともに、神のみことばの種を蒔《ま》く者であり続けたいと願っています（詩篇126・5）。愛に満ちあふれておられる、父である神と御子・主イエスと聖霊の愛を知る人が少なく、三位一体の神をほめたたえる人がほとんどいないこの国で、あなたはぜひ、日々、愛の神を賛美する人になってください。

② 神を神としてあがめないことが罪の初めです

使徒パウロは、人間の最初の罪は、神を知っていながら、その神を神としてあがめないことであると教えています(ローマ1・21)。私は今まで多くの日本人に、神について考えを聞いてきました。ほとんどの人は、パウロのことばのように神の存在を認め、神が全知全能でよいお方であることを知っています。しかし、その神を神としてあがめず、感謝もせずに生きており、神が自分といつもともにおられることを望んでいません。ある青年は、「神様には、ぼくが困った時には助けにきてくれて、他の時は、一緒にいないでほしい。ぼくは、神様の言うことを聞いて生きていきたくはありません」とはっきり言いました。

自分中心な欲望や悪い考え等の心の中の罪や、うそや盗み、不品行や姦淫《かんいん》、傷害や殺人等の行いの罪よりも、神をあがめず礼拝しない罪、神を畏れ敬わない不敬虔の罪、神を信頼して従わない不信仰や不従順の罪、そして、私たちに、天のすべての祝福、神のひとり子、主イエス、聖霊を与えて、完全な永遠の愛で私たちを愛してくださる愛の神を愛さない罪等、霊的・人格的な罪のほうがはるかに重い罪なのです。

私たち、自分中心な罪深い人間は、神をあがめず礼拝しない罪を悔い改め、日々、全知全能の真の神に賛美と感謝をささげ、愛の神を信頼して、神の愛のみことばに従い、神と神が愛しておられる人を愛して歩む時に、真に幸いな人となり、愛の神の栄光を現す、神に祝福された人生を歩むことができるのです。さきほどの青年も後日、自分中心な生き方をやめ、神の愛の救いを受け入れ、神と家族と隣人を愛する、幸いな人生を歩むようになりました。

あなたがまだ、神に愛される幸いな人になっていないなら、ぜひ自分中心な生き方を悔いて改め、神の愛の救いを感謝して受け入れて、神の子どもとされ、愛の神に信頼し、聖霊に満たされて、神の愛のみことばを少しずつ実行していく生き方を始めてください。あなたがすでに神の子どもなら、ぜひ私とともに、父である神の御名があがめられていないこの世界で、「あなたの御名があがめられますように」と祈り続け、神の栄光を現された主イエスのように（ヨハネ17・4）、毎日、「主の祈り」を祈り、聖霊に満たされて、神の栄光を現すために生き、働き、あなたに神が与えてくださった使命を果たしていく歩みを続けてください。

③神の御名は永遠にあがめられます

主イエスは、「お父さん。あなたがあがめられますように」ではなく、「あなたの御名があがめられますように」祈りなさいと教えられました。これは、真の神が「御名」のとおりのお方なので、御名があがめられることは、神ご自身があがめられることと同じであるということです。三位一体の神は御名のとおりのお方ですが、私たち人間は、自分の名(名称)のとおりではありません。「夫」や「妻」である人は、名称のとおりに、パートナーと心からお互いに愛し合っているでしょうか。名ばかりの「父」や「母」もいるようです。あまり学ばない「学生」や働かない「労働者」もいます。そして、聖い愛と義の神に似た者として造られた「人」である私たちは、まったく神のようではないばかりか、「人」としても失格者です。しかし、三位一体の神は、御名のとおりのお方です。

私は、父である神はその御名のとおりに、私をご自分の子どもとし、愛し、守り養い、教え導いて、御子に似た者へと成長させてくださっていることを経験しています。

また、よい牧者である主イエスはみことばのとおりに、ご自分の羊である私のために、いのちを捨て、御名のとおりに、私に豊かないのちを与えてくださいました(ヨハネ10・10―11)。さらに、私は、真理の聖霊がその御名のとおりに、何度も何度も、私が神の真理のみことばを悟り、実行できるようにしてくださったことを経験しています。このように、神の御名をあがめることは、神が御名のとおりのお方であることを知って(経験して)、神ご自身をほめたたえることです。

あなたは、神が「救い主」という御名のとおりに、あなたを救ってくださることを経験し、

「お父さん」という御名のとおりに、あなたをご自分の子どもにしてくださって、愛し、養い育て、御子・主イエスに似た者へ成長させてくださることを経験して、父である神の御名をあがめることができます。あなたはまた、主イエスが御名のとおりのお方であることを経験し、主の御名をほめたたえ、主を心から愛し、主に喜んで従うことができる人にされます。さらに、あなたは、聖霊が御名のとおりにあなたに働いてくださることを知り、聖霊に満たされて、愛の神の栄光を現す幸いな人生を歩むことができます。

しかし私たちは、三位一体の神の御名をみだりに唱えないように注意しなければなりません（出エジプト20・7）。「御名があがめられますように」の直訳は、「御名が聖なるものとされますように（神の御名として ふさわしく唱えられますように）」です。私たち神に愛され、神の子どもとされている者は、御名を、みだりに、軽々しく、自分中心なことのために、偽って、唱えてはなりません。私たちは、神を礼拝し賛美する時、また、祈ったり信仰告白をする時は、神を畏れ敬いつつ、心から御名を呼びましょう。また、私たちは決して、神（主）の御名によって、偽って誓ってはいけません。それは、御名を汚すことになります（レビ19・12）。私たちは、神（主）の御名によって誓ったことを、神（主）に果たしましょう（マタイ5・33）。また、私たちが神の御国の民として生きていく時に、私たちのことばと行いによって、私たちの神の御名があがめられたり汚されたりすることも覚えましょう。私たちは、もし私たちを愛してくださる神の御名をみだりに唱えることがあったなら、悔い改めて、神の御名があがめられる生活をするように努め、神の栄光を現す歩みを続けましょう。

「御名があがめられますように」は、原典のギリシア語では、「絶対に実現されよ」という命令形ですから、この祈りは、「神の御名は絶対にあがめられよ！」とも訳すことができます。全知全能で永遠無限の神の御名、完全な聖と義と愛の御子・主イエス・キリストの御名、神と御子の霊である聖霊の御名は、すべての人の口によってあがめられなければなりません。私たちは、毎日、「三位一体の神様。あなたの御名が、全世界で、すべての人によって、絶対にどうしても必ず、永遠にあがめられるようにしてください」という願いを込めて、「あなたの御名があがめられますように」と祈りましょう。そして、全世界の神の御国の民と一緒に、「賛美のいけにえ、御名をたたえる唇の果実を、絶えず神にささげよ」（ヘブル13・15）。教会では、みなで、聖霊に満たされ、詩と賛美と霊の歌により、感謝にあふれて、心から神に向かって歌いましょう（コロサイ3・16）。また、家庭と社会では、神の御名を汚さず、御名があがめられるように歩みましょう。そして、全世界の人々に、父である神、御子・主イエス・キリスト、聖霊である神の御名を証ししましょう。やがて、すべての口が、「イエス・キリストは主です」と告白して、父である神をほめたたえる日が来ます（ピリピ2・11）。そして、その日から、三位一体の神の御名は、絶対に、必ず、永遠にあがめられます。

第五章　御国が完成しますように

神の御国について、多くの人がいろいろな誤解をしておられるように思いますので、まず、皆さんの誤解を解くための、聖書による説明から、この章の学びを始めましょう。

第一の誤解は、おそらく一番多くの人がしておられる誤解で、神の御国は「天国」で、人が死んでから行く所であるという考えです。それは誤解です。私たちは、死後ではなく、今生きているこの世界（聖書では「地上」）で、神の御国での生活を始めることができるのです。主イエスは、だれでも、自分中心な生き方をやめて、神を愛して従う決心をし、聖霊によって新しく生まれた人はみな、今の生活と人生で、神の御国（導き、助け、救い等の神の愛のお働き）を見る（知る、経験する）ことができると教えておられます（ヨハネ3・3等）。

聖書の中で、「国」は、人間の王等が治める国家や領土の意味で使われる数か所（マルコ6・23等）を除いて、いつも「支配」や「統治」を意味しています。ですから、「神の御国」とは、天の父である神が、愛によって支配し愛の働きをしておられるところです。この神の愛の御国の民は、神の愛の支配を受け入れ、神の愛のみこころに従って生きている人々ということになります。それは教会の信者たちです。真の神の教会（信者たちの家庭も小さな教会）こそが、今この世界にある神の御国です。しかし、地上の神の御国である教会は、まだ未完成で、多くの点で神の愛のみこころに従ってはいますが、十分に神の愛を実行できていませんし、罪を犯すこともあります。教会は、地上で神の愛の御国（共同体また社会）として成長し、やがて、罪も汚れもない、神の愛のみこころが完全に行われる天上の永遠の神の御国として完成されます。

第二の誤解は、どんな人でも死ねば天国へ行けるという考えです。そういう考えの人の多くが、信者だけを天国へ入れてくれるキリスト教の神は、不公平な神であると非難をします。両方とも誤解です。神の御国は、神の愛のみこころが行われるところで、神の御国に住むことができる人は、神の愛のみことばに従う人です。神に逆らう罪深い人間（自分）を愛してくださる神の愛を、感謝して受け入れることもせず、神の愛のみこころに従いたくないと思っている人が、神の愛の御国に入れないということは理解していただけると思います。

もし、神に従わず自分中心な生き方をしている人が、天の神の御国に行ったら、その人にとって、永遠に神の愛のみこころに従って生きていかなければならない天国は、永遠に悩み苦しみながら生きていかなければならない地獄になってしまいます。多くの人が自分の家族や親しい人が亡くなった時、愛していた人は天国で幸せに生きているに違いないと思いたいことは理解できます。その人が、自分を神に許していただかなければならない自分中心で愛のない人間であると認めていたか、また、神を信じて神のみこころに従っていきたいと願っていたか等は、すべての人の心を知っている神だけがご存じです。地上から去っていった人のすべての心（考え、思い、願い）とことばと行いを、だれも（亡くなった人も）が納得して同意できるように評価し決定することができるのは天の神だけです。ですから、亡くなった人々が天の御国に入る入らないは、全知全能の公平な愛の神にお任せしなければなりません。

教会の信者の中にも同じような誤解をしている人が、少なからずいます。というのは、私が全国各地の教会でお会いした信者の中に、「私は、主イエス様が、私のすべての罪のために十字架で死んでくださったと信じています。そして、罪を赦された私は、きっと天国へ入れていただけると、神様に感謝しています」という証しをする人が、少なくないからです。

主イエスの十字架上の身代わりの死によって、私たちのすべての罪が赦される（罪の赦しの恵み）だけで、天の神の御国に入る条件が満たされたわけではありません。主イエスが、私たちの代表として、神のみこころをすべて実行してくださった完全な義が、私たちの義と見なされ、私たちが神のみこころをすべて実行した人とされて、天の神の御国に入る資格があると認められることも（義認の恵み）必要です。

主イエスが実行されたことは、すべて、神の栄光を現すためという目的で、神と人を愛するという動機から、神のみことばに従った、神に認められ喜ばれる良い行いでした。しかし、私たちが神のみこころを実行することは、目的（自分がほめられるため?）と動機（利益を得たい?）と方法（自分の考え?）において、神が認め喜んでくださるレベルには、まったく達しません。ですから、私たちは、自分の行いによって救われて、天の神の御国に入ることは絶対にできないことを認めなければなりません。主イエスが実行された、完全なよい行いのおかげで救われることを心から感謝しなければなりません。そして、たいへん重要なことですが、自分中心な生き方をやめて（悔い改め）、神の愛のみこころに信頼して従う決心をし（信従）、地上の神の御国の民（教会の信者）となること（神と神の民との契約に与る恵み）が天の神の御国に入るために必要不可欠なのです。

主イエスが全生涯、十字架の死に至るまで、神の愛のみこころに従って神と人を愛し、復活して昇天し、永遠の神の御国に住むことを認められた最初の人です。ですから、恵み深い神は、主イエスのように神の愛のみこころに従う決心をして、ご自分の御国の国民となった人を、聖霊によって主イエスのような愛の人へ成長させてくださいます（聖化の恵み）。そして、真実な神は、その人が死ぬ時、自分中心な罪の性質（原罪）も消し去り、神と人を心から愛する、主と同じ栄光の姿に完成して（栄化の恵み）、永遠の神の愛の御国に住む者にしてくださるのです。このことが父である神の私たちを救ってくださるご計画の目的なのです（ローマ8・28―30）。

神の御国についての第三の誤解は、神の救いの中心は個人の救いで、主イエスを信じて救われた人は、洗礼を受けて教会の信者になっていても、定期的に教会に集う必要はなく、一人で聖書を学んで祈り、聖書の教えを実行する生活をしていれば、神は喜んでくださるという考えです。これも誤解です。

神の救いのご計画の中心は、自分中心な罪人を救って、ご自分の御国の民とし、神の御国の民の集まりである教会を、神の愛の御国のモデルとして建て上げ、神の愛に満ちあふれる永遠の神の御国として完成することです。教会で洗礼を受けた人の中に、自分と自分の家族が天国へ入れれば、それで十分に感謝と思っている人がいるのは、たいへん残念なことです。

父である神の御子・主イエスが、宣べ伝えられたのは、「神の御国の福音」で（マルコ1・15等）、主イエスは、二千年前、全身全霊で神を愛し、神の愛のみこころに従い、隣人を自分のように愛して、神の愛の御国の民の模範となられました。また、主は、苦しむ人を助け、病人を癒やし、死者を生き返らせ、人々の罪を赦し、悪霊を追い出し、神の愛の働きをすることによって、当時のイスラエル国に、悲しみも苦しみも、病気も死も、罪も悪もない、神の御国を実現されました（黙示録21・3―4）。そして、主は、神の御国の民になった教会の信者たちに、ご自分のように、神と隣人を愛し、すべての国に神の御国の福音を宣べ伝え、世界各地に、神の御国を実現する使命を与えられました。

あなたが、まだ、神の救いを受け取っていないなら、神とすべての人を心から愛される御子・主イエスと同じ愛の人に完成してくださる愛の神を信頼して従う決心をしてください。そして、教会で洗礼を受け、神の御国の民になってください。あなたがすでに神の民なら、地上の神の御国である教会で、他の神の民とともに、愛の神を礼拝して仕え、神の御国の福音を地域の人々に宣べ伝え、神の愛の働きをして、家庭と社会に小さな神の御国を実現し、教会を、神の民が互いに愛し合う神の御国のモデルとして建て上げてください。

1 「お父さんの愛の御国が完成しますように」と祈りましょう

① 失われた最初の神の御国

主イエスは、「主の祈り」の第二の願いとして、「御国が完成しますように」と祈るように教えられました。新約聖書の原典では、「あなたの御国が完成しますように」という祈りですから、これは、「天の私たちのお父さんである神の御国」が完成することを願う祈りなのです。また、「国」は、王の「支配」や「統治」を意味しています。神の御国の王は、恵み深い天のお父さんである神で、この恵みの王の支配は、私たちを束縛して服従させる支配ではなく、いつも、私たちを愛して、すべての必要なものを与え、許して受け入れ、導き育て、私たちが自発的に神と人を愛することができる、幸いな人に成長させてくださる愛の支配です。神の御国は、父である神が愛によって支配される国なのです。

世界の歴史の初め、この地球上に、神は、小さいけれども、麗しい神の御国をお造りになりました。「エデンの園」です。この園の環境も、すべての動物も植物も、園の管理人として立てられた人間も、非常に「良かった」と聖書は伝えています（創世１・31）。後にエデンは、「神の園」（エゼキエル31・９）、また、楽しみと喜び、感謝と歌声とがある主（神）の園と呼ばれました（イザヤ51・３）。最初の神の御国の民は、アダムとエバでした。

恵み深い神は、アダムとエバ（人間）を、神のかたちとして、神の似姿に造られました（創世１・26）、人間は、神よりは劣りますが、神のような霊性＝人格性（主体性＝自己認識力と自発的行動力、道徳性＝善悪の判断力、真理性＝論理的思考力、社会性＝対人対物関係力と愛し働く力、芸術性＝美と価値の創造力、宗教性＝神認識力と礼拝し奉仕する力、永遠性＝未来志向の計画を立て実行する力等）を与えられました。それで、最初の人間であったアダムとエバは、愛の神に見倣い、神のような愛の心（考え、思い、願い）をもち、神に似た、愛のことばを語り、愛を実行することができたのです。二人にはエデンで、神の愛の御国を建て上げるために必要なことを身に着けて、全世界にこのような愛の御国を広げていく使命が与えられていました。

愛に満ちた永遠の神の御国を完成するご計画を立てていた恵み深い神は、エデンの園の中央に、実を食べれば、永遠に生きることができるいのちの木を置き（創世3・22）、アダムとエバに「思いのまま食べてよい」と言われました。愛の神は、二人と二人の子孫の人間が永遠に神を愛し、神の愛のみこころに従って、互いに愛し合って幸いに生きていくことを願っておられたのです。アダムとエバは、初めは、神から与えられた園の管理人としての使命を協力して果たしていましたが、永遠のいのちの木の実を食べようとはしませんでした。人間は、永遠に神のみことばに従って生きることを望まなくなったのです。そして最初の人間は、どうしたらよいか分からない時に、その都度、神に聞かなくても自分で何が善で何が悪かを決めて生きていけるようになるという、善悪の知識の木の実を取って食べたのです（同3・6）。

善悪の知識の実は、食べれば不幸な罪人になり、必ず死ぬことになるから、食べてはいけないと神から警告されていましたが、神の愛のみことばに逆らって、まずエバ、続いてアダムが食べてしまったのです。このように、人間は、世界と人間を一番よく知っておられる神が、世界と人間を最も幸いにするために与えられた指針である、神の愛のみことばに従うことをやめ、自分中心で自分勝手な生き方を始めたのです。このために、罪を犯して、神に似た者でなくなり、愚かな知恵と弱い力と自分中心な愛しかない者となってしまった人間には、愛に満ちた家庭や、すべての人が幸せに生きる社会を築き上げることは、不可能になってしまったのです。

神は、愛の神に信頼して従うことをやめ、自分中心になり、自分勝手なことをするようになった人間が、その神に逆らう生き方のままで、いのちの木の実を食べて、永遠に生きることがないように、人間をエデンの園から追い出されました（同3・22―23）。こうして、最初の神の御国は失われました。しかし、神は、決して人間を見放されたり、見捨てられたりするのではありません。あわれみ深い神は、アダムとエバを神ご自身と神の祝福から永遠に引き離す（永遠の死の世界へ見捨てる）ことはされませんでした。

神はアダムを、世界とすべての生き物、家庭と人間社会を神のみことばに従って管理する者に再任命し、神の知恵と力と愛によって、神から与えられた重大な使命を果たす者として成長させてくださいました。神はエバに、人類を幸いにする人を生んで育てる使命を与えられ、夫と協力してその使命を果たすものとして成長させてくださいました。このように、恵み深い神は、自分中心な人間になって、互いに愛し合うことが難しくなったアダムとエバを、続けて夫と妻として生きていくようにされました。そして、愛に満ちておられる神は、罪のない動物を彼らの身代わりのいけにえとしてほふって、二人の罪を赦し、その皮で衣を作って罪人となった二人を覆ってくださいました（同3・21）。それで、二人は、お互いに神に愛されて許され、罪を覆われた者として、許し合い愛し合って、ともに生きていけるようになったのです。

ここに、人知を超えた神の愛の知恵が明らかにされています。罪を犯す前に、アダムとエバがもっていた愛は、自分を愛してくれる人や自分に良いことをしてくれる人を愛する愛でした。

こんな愛では、二人はいつまでも、どんなことがあっても、互いに愛し合い続けることはできなかったのです。事実、エバは、自分が罪を犯した後、アダムにも同じ罪を犯させ、神に罰せられる者にしてしまいます。アダムは神に、自分が罪を犯したのはエバのせいだと言い訳をし、エバに責任をなすりつけます。二人には、自分を愛してくれず、悪いことをする相手を愛する愛はまったくありません。自分を愛してくれる人を愛する愛しかもっていない人間は、互いに心から愛し合い続ける、神の愛の御国の国民になることはできないのです。しかし、あわれみ深い神が、罪人となった二人を愛して許し、二人が互いに許し合い愛し合って、ともに生きていけるようにしてくださったことによって、神の愛の御国の国民になることができるようにされたのです。天の父である神は、罪を犯した人はご自分の愛の御国には入れないと言われるような冷酷な神ではありません。愛に満ちている神は、罪人を神の愛の御国の国民としてふさわしい愛の人に完成してくださるのです。

恵み深い神は、自分が神と人を愛さず神と人に対して罪を犯していることを認め、自分中心な生き方をやめて愛の神のみこころに従う決心をする人を愛して許してくださるのです。さらにこの時から、神は、罪人を救い、神を愛し続け、すべての人と許し合い愛し合い続けることができる、神の愛の御国の国民として成長させて完成するという、人知を超えた愛の救いのご計画を実現し始められたのです。

②二つの人類の流れ

アダムとエバの子どもの時代から二つの人類の流れが始まりました。一方は、長男カインの生き方をする人類です。カインは、自分の行いによって神に受け入れてもらおうとする人で、自分の罪を認めず自分中心な生き方を続ける人です。カインは、自分を助け幸せにしてくれる神は信じるが、愛の神を信頼して愛のみこころに従おうとはしない人類の最初の人です。もう一方は、次男のアベルの生き方をする人類です。アベルは、自分の罪深さを認め、自分の身代わりのいけにえをささげて神に受け入れられました。アベルはカインに殺されてしまいましたが、救いの神である「主」を礼拝して仕え（「主」は罪人を愛して救い、共に歩んで導き育て、神と人を愛する者へ成長させてくださる神の御名＝本書第三章1②参照）、救いの神の愛のみこころに信頼して従う人類の最初の人でした（同4・26）。創世記五章の系図に名前がある人々は、アベルのように主とともに生きた、聖書が「神の子ら」と呼ぶ人々であると考えられています（同6・2）。

最初の人類は、当時の全世界に移り住み、神が命じられたように、地に満ちていきましたが、世界が神の御国になることはありませんでした。アダムの時代から何千年か後には、ほとんどの神の子らも、神のみこころに従うことをやめ、自分中心な生き方をするようになり、全世界に人間の悪が増大し、人間がいつも悪い願いをもつようになり（同6・5）、世界は堕落し、暴虐で満ちてしまったのです（同6・11―12）。神が愛をもって創造された世界に、悪が満ちあふれてしまったことで心を痛めた神は、人間を世界（聖書では地上）から消し去る決心をし（同6・7）、大洪水によって最初の人類の歴史を終わらせられました。私は、ノアの時代に全世界を覆った水は、愛の神の悲しみの涙だったと思っています。

③第二の人類の始まり

神が命じられたとおりに造った箱舟によって、大洪水から救われたノアとその子どもたちを、神は、アダムたちと同じように「生めよ。増えよ」と祝福し、「地に満ちよ」と、同じ使命を与えられました（同9・1）。愛の神は、第二の人類によって、新しい世界に、神の愛の御国を建て上げようとされたのです。ノアとノアの子孫である現代人に至る人類が、神の知恵と力と愛によって、全世界を神の愛が満ちあふれる「神の御国」にするという使命を与えられたのです。しかし、ノアの子孫も、自分の知恵と力に頼って自分勝手に生きていくカインの子孫と、神である主を信頼して、愛のみこころに従うアベルの子孫に分かれてしまいました。

やがて、有名なバベルの塔の出来事が起こりました（同11・1―9）。これは、世界のすべての地方に移り住み、互いに助け合い愛し合う人間の社会を造り、すべての生き物も愛して守り育てるという、神から与えられた崇高な使命を果たそうとしないで、人間にとってだけ快適な都市（社会・国）を建てた第二の人類を、神がことばを混乱させて、強制的に全世界に散らされた物語です。こうして、第二の人類は、神が命じられたように、地に満ちていきましたが、世界は神の愛の御国になったのでしょうか。

バベル以後、同じことばと文化で生きる人々が集まって、部族や民族を構成し、部族、民族ごとに世界の各地に移り住み、自分たちにとって快適な社会や国を作るようになりました。しかし、世界の多くの民族は、他の民族と愛し合ってともに生きようとせず、自分たちが支配している地域の自然や生き物を自分たちのために利用するだけで、愛をもって管理してきませんでした。そのため、バベルから二十一世紀の現代にいたるまで、世界には争いが絶えず、地球環境は破壊され、多くの生物が絶滅の危機に瀕しています。しかも、第二の人類で、高度な文明を築き上げた現代人は、バベル時代の人間と同じように、人間の知恵と力を誇示する、天にまで届くような塔をいくつも建て、自分たちの知恵と力と愛だけで、どんな問題でも解決して、必ず幸せになると高ぶっています。ノアの時代から何千年か経った今、最初の人類の終わりの時代と同じように、地上に世界大の神の愛の御国は実現しておらず、かえって全世界に罪と悪が満ちています。まもなく第二の人類の歴史も終わる日がくるのでしょうか。

④旧約聖書時代の神の御国

第二の人類を全世界に散らした後、愛の神は一つの小さな民族を選んで、ご自分の御国の国民とし、この民族を通して、全世界に神の愛の御国を広げていく計画の実行に着手されました。この民族がイスラエル民族で、その父祖がアブラハムです。神は彼に、偉大な神の御国の民とし、彼の子孫によって、地上のすべての民族と部族が祝福されると約束されました（同12・2—3）。神の御国の最初の国民とされたアブラハムは、彼の子孫にとって見本になるために、自分の罪を認めずに、自分を助けてくれるだけの神を信じる生き方ではなく、罪人の自分を愛して救い、神と人を愛する者へ成長させてくださる、神である主を愛して礼拝し、主の愛のみことばに従う生き方を始めました。アブラハムは、神と自分の家族だけでなく、他の部族や民族の人も愛する神の御国の民の模範になりました。

アブラハムの時代の後、イスラエルは神が約束されたとおり、大きな民族になっていきましたが、一つの国になったのは、モーセの時代でした。神である主は、滅亡の危機に瀕していたイスラエルを、エジプトから救い出し、アブラハムに約束しておられたように、現在のパレスチナ地方を国土として与えられました。モーセは、神である主が、ご自分の御国であるイスラエルの王となられたと宣言しています（申命33・5）。愛の神である主は、旧約聖書時代の神の御国であるイスラエルを、愛に満ちた王として、愛によって支配し、国民であるイスラエル人に、神である主を愛し、国民が互いに愛し合い、また、外国人も愛し、さらに、生き物も環境も土地も愛するための指針として律法（法律）を与えられました。旧約聖書時代の神の御国の法律には、神を愛し、礼拝して仕えるための祭儀律法（現代的に表現すれば宗教法）、神の民の生き方の基本指針である道徳律法（十戒が中心）、隣人（自国民と外国人）と互いに愛し合う生活の指針である市民律法（民法、商法、刑法、税法、行政法、社会福祉法、生物保護環境保全法、食物規定を含む保健衛生法、暦法等）がありました。そして、すべての律法（法律）の中で、最も重要な命令は、「聞け、イスラエルよ。主は私たちの神。主は唯一である。あなたは心を尽くし、いのちを尽くし、力を尽くして、あなたの神、主を愛しなさい」（申命6・4—5）と「あなたの隣人《となりびと》を自分自身のように愛しなさい。わたしは主である」（レビ19・18）です。

もし、すべてのイスラエル人が、救いの神である主を愛し、お互いを、主が愛しておられる隣人として心から愛し、主の愛のみことば（律法・法律）に従ったなら、彼らは地上に、小さいけれども、神が喜ばれる神の愛の御国を建て上げることができたでしょう。しかし、残念ながら、イスラエル人は神の愛の御国を建てることはできませんでした。神である主は、必ずイスラエルを愛し、守り導き祝福すると誓約され、イスラエル人も主を愛し、主の愛のみことば（律法・法律）を守り行うと誓いましたが、やがて彼らは神のみことばに従わないで、それぞれが自分の目によいと見えることを行うようになってしまいました（士師17・6等）。

また、イスラエル人は何度も、自分たちを愛して救い、豊かに祝福してくださる主を愛して仕えることをやめ、周囲の民族が信じている神々（聖書では「偶像」）を礼拝して仕えました。

イスラエルの十二部族は、みな同じように神に愛されている者として、互いに愛し合い助け合うべきでしたが、かえって争い合い、とうとう国は南北に分裂してしまいました。

イスラエル人は、人間の王が神の律法（法律）に従って、国を治め、国民を指導してくれれば、自分たちが神を礼拝し、神の律法を守り行えるようになると考え、神である主こそがイスラエルの王であるにもかかわらず、人間の王を立ててしまいました。ダビデや、ダビデのように、主の目にかなうことを行ったアサ、ヒゼキヤ、ヨシヤ等の良い王たちの時代に、イスラエル人は神の律法（法律）に従っているように見えましたが、それは表面的形式的な従順で、彼らは心から主を愛してはおらず、喜んで主のみことばに従ってもいませんでした。北王国イスラエルと南王国ユダの多くの王たちとそれぞれの国民の大半の民は、主を愛さず、礼拝もせず、さまざまな偶像を礼拝し、国として、神に逆らい、神の律法（法律）に反する罪悪を重ね、それを悔いて改めなかったので、北王国はアッシリアに南王国はバビロンによって滅ぼされてしまいました。結局、イスラエルは神の愛の御国にはなれなかったのです。

⑤ 新しい神の御国についての預言

最初の人類も、第二の人類も、イスラエル民族も、神の愛に満ちた御国を完成することはできませんでした。しかし、愛の神は、神の御国を完成することをあきらめてしまわれたのではありません。必ず神の御国を完成されます。

旧約聖書の時代、アダムもノアも、アブラハムもモーセも、ダビデも、神の愛の御国を建て上げることができなかったこの世界に、愛の神は、神の愛の御国を建て始め、完成させることができる王を遣わす約束をしてくださいました。この王は、この世界で、神の愛の働きをして、小さな神の御国を実現する、神の知恵と力と愛をもつ方です。私たちと同じ人間になり、悪魔・サタンが働いている神に逆らう人間の社会（聖書では世）で、神を愛して神のみこころに従い、隣人を自分と同じように愛することの難しさと厳しさを自分で経験して、私たちの弱さを十分に理解し、必ず助けることができる王です。さらに、自ら全身全霊で神を愛し、神の愛のみこころに死に至るまで喜んで従う王です。自分に敵対する者も含むすべての人を、自分と同じように愛することによって、神の御国の民となる人々を、互いに愛し合う愛の御国の民として、成長させ完成することができる王です。そして、罪と世、悪魔・サタンと死に勝利し、永遠の神の御国を完成することができる、神の愛の御国の王として最もふさわしい王です。もう、あなたもお分かりでしょう。そうです。神の愛の御国を建て始め、完成されるのは、御子・主イエスです（詩篇145・13、イザヤ9・6―7等）。

愛の神は、最初の人類と第二の人類、イスラエル人同様、神に逆らい神のみことばを実行できない、罪深い人間（私たち）を造り変えて、心から神を愛し、神の愛のみことばに従い、隣人を愛することができる神の愛の御国にふさわしい国民にするという約束をしてくださいました。それは、御子・主イエスを完全な愛の人として完成された聖霊を、弱く愚かで罪深い人間（私たち）に与えてくださるということです。愛に満ちた御国をどうしても完成したい神は、自分中心な罪人（私たち）を、聖霊によって新しく生まれ変わらせ、神の子どもとし、聖霊に満たして、少しずつ神の御子・主イエスに似た者へ成長させ、やがて主イエスと同じ、心から神と人を愛する、神の愛の御国の民として完成してくださるのです。

この愛の神が、聖霊を与えて、罪人（私たち）を、神に、愛のみこころに喜んで従うことができる人にしてくださるという約束が、旧約聖書時代の預言者たちの預言した「新しい契約」です（エレミヤ31・31、エゼキエル11・19等）。旧約聖書時代の終わりに愛の神が約束されたことは、十字架で死んで復活し、神の愛の御国を建てる王として完成された主イエスが、昇天して父である神から聖霊を受け、聖霊降臨日（復活から五十日め）に、神の御国の国民となった弟子たちに与えられて実現しました。

2　地上の神の御国である教会を建て上げましょう

いよいよ、愛の神が、この世界に神の御国を建て始められる時がきました。ここで、「聖書の中の聖書」と呼ばれている聖句を紹介します。一つは、ヨハネの福音書三章一六節です。この聖句は、主イエスが、人は聖霊によって新しく生まれ、神の御国（神が愛によって支配してくださる生活と人生）を経験することができると教えられた後で語られたみことばです。「（愛に満ちあふれておられる）神は、実に、そのひとり子（主イエス）をお与えになったほどに世（神に逆らっている人間の社会）を愛された。それは御子（主イエス）を信じる者が、一人として滅びることなく、（主イエスと同じように）永遠のいのちを持つためである。」聖書の中で最も重要な聖句と言われているこのみことばは、天の父である神が、神に逆らう罪深い人間を愛しておられ、御子をすべての人の身代わりにして、罪の刑罰である死に渡されたこと、そして、だれでも、御子を信じる人を、御子・主イエスと同じ、神と人を愛する人に完成して、永遠の神の愛の御国に住むことができるようにしてくださることを約束しています。

次に、エペソ人への手紙一章二二―二三節です。この聖句は、使徒パウロが、神が主イエスを死者の中から復活させ、天の神の右の座に着かせ、すべてのものの支配者とされたことを教えた後で語った宣言です。「（愛に満ちあふれておられる）神はすべてのものを（主イエス・）キリストの足の下に従わせ、（主イエス・）キリストを、すべてのものの上に立つかしらとして教会に与えられました。教会は（主イエス・）キリストのからだであり、すべてのものをすべてのもので満たす方が満ちておられるところです。」このみことばは、「愛の神は、実に、主の主、王の王となられた、主イエス・キリストをお与えになったほどに教会（地上の神の御国）を愛された。それは、主イエス・キリストを信頼して従う教会が、必ず、すべての必要なものを満たされて成長し、永遠の神の愛の御国として完成されるためである」と言い換えることができるでしょう。愛に満ちておられる神は私たちを、永遠の神の愛の御国の民にするために、私たちと同じ人間（主イエス）となられた、ひとり子を与え、私たち教会を、永遠の神の愛の御国として完成するために、主の主、王の王となられた主イエス・キリストを与えてくださったのです。

① 主イエスが明らかに示された神の愛

神の愛の御国を建て始めて完成する王として、この世界に来られた御子・主イエスは、永遠の御国を支配される神の愛がどれほど驚くべき愛か、また、神の愛が満ちている神の御国の民としてふさわしい人がどういう人かを明らかに示し、神の御国を建て上げ始められました。

まず第一に、神の御子・主イエスは、すべての人の許しと救いのために十字架に架かって死なれることを通して、神のみことばを実行できない弱い者、神を畏れ敬わない不敬虔な者、神に逆らう罪人、神に敵対する者をも愛して、許し、救ってくださる神の愛を（ローマ5・6―10）、明らかにお示しになりました。また、主イエスご自身も、聖霊に満たされて、神の御国の律法（法律）の中で最も重要な、全身全霊で神を愛し、隣人を自分のように愛するという命令を実行しただけでなく、罪人も敵をも愛して、神の完全な愛が支配する神の御国の王としてふさわしい者になられました。

ご自分のひとり子をお与えになるほどに、罪人も敵も愛される神の愛を主イエスが示されるまで、人は罪人である自分を必ず愛してくださる神の愛を信じることができませんでした。最初の神の御国であったエデンの園で、アダムとエバは、悪魔にだまされて、神に従っていれば、神は自分たちを愛して祝福してくださるが、もし逆らったら、神は罪を犯した自分たちを怒り、罰して、見捨てられるに違いないと、神の愛を誤解するようになっていました。彼らは、神の命令に逆らって善悪の知識の木の実を食べた後、神に罰せられるのではないかと、神を恐怖して隠れ、後で、罪を認めても、人のせいにしたり言い訳したりしたのです。

神の愛が、罪人を愛して救ってくださる愛であることは、最初の人類にも、第二の人類にも示されましたが、自分の罪を認めて、自分中心な生き方を変え（悔い改め）、神に従う歩みを始めた人間は少数でした。ほとんどの人は、神に従う人だけを神は愛してくださるという人間的な考えを捨てられず、一方的な恵みによって、罪人を愛して救ってくださるという神の愛を信じることができなかったのです。

そこで、愛に満ちておられる神は、新約聖書の時代に、ご自分の愛するひとり子を、この神に逆らっている人間の社会（聖書では世）に遣わされました。そして、愛の神は、神に逆らう自分中心な罪人である人間を愛して、許して救うために、罪のない御子・主イエスを、人間のすべての罪を負わせて十字架に架け、人間をさばく代わりに主イエスをさばき、罰し、見捨て、死に渡されました。さらに、神は、死者の中から主イエスを復活させて永遠の栄光の姿に完成し、主イエスを信頼して従う人を、神の子どもとし、やがて、御子・主イエスと同じ栄光の姿に完成して、永遠の神の御国に住むことができるようにしてくださるのです。一方的な愛に満ちた神は、主イエスの十字架と復活によって、罪人も裏切者も敵も愛してくださる、人知をはるかに超えた驚くべき愛を、だれも疑うことができないほど明らかに示してくださったのです。

この神の驚くべき愛について、使徒ヨハネは、「神はそのひとり子を世に遣わし、その方によって　私たちに（永遠の）いのちを得させてくださいました。それによって　神の愛が私たちに示されたのです。私たちが神を愛したのではなく、神が私たちを愛し、私たちの罪のために、宥《なだ》めのささげ物としての御子を遣わされました。ここに愛があるのです」と宣言しています（Ⅰヨハネ4・9―10）。また、神の御国の王である主イエスが、愛によって支配しておられる新しい神の御国では、罪の増し加わるところには、恵みも満ちあふれ（ローマ5・20）、主が神の御国の民とされた、私たち教会の信者のすべての罪を必ず赦してくださるので、私たちは決して神の愛の御国から追い出されることはありません。主イエスは必ず、私たちを聖霊によって、永遠の神の愛の御国にふさわしい国民として成長させ完成してくださいます。

②主イエスが建て始められた新しい神の愛の御国

第二に、愛の神のひとり子・主イエスは、どのような人が、愛の神の御国の民にふさわしい人かを明らかに示してくださいました。主イエスが指摘された、自分を愛してくれる人を愛する愛しかもっていない人は（マタイ5・46―47）、神の御国の民にはなれません。アダムとエバの時代から今日に至るまでの人類の歴史が、そのことを証明しています。愛の神の御国の民としてふさわしい人とは、弱い者、不敬虔な者、罪人、敵である自分を愛して、許して受け入れ、導き育ててくださる神と主イエスの愛を知った（受け入れた）人です。そして、神と主イエスの霊である聖霊によって、自分を愛してくれない人も、自分と考えや生き方が違う人も、自分を傷つけたり苦しめたりする人も愛して許し、自分に悪いことをする人（こういう人は永遠の神の御国にはいませんが）も愛してその人によいことをする愛を身に着けていく人です。そして、事実、主イエスは、神と主の愛を知って、身に着け、どんな人とも許し合い、受け入れ合い、愛し合う神の御国の民を育てられたのです。それが、新約聖書の神と主イエスの教会です。

主イエスが十字架に架かられる前の主の弟子たちは、まだ、旧約聖書時代の神の御国の民、イスラエル人のようでした。聖霊に満たされていなかった弟子たちは、人間的な愚かな知恵、弱い力、小さな愛で、神のみことばを実行しようとしましたが、それは不可能でした。弟子たちは、神を全身全霊で愛することができず、神が遣わされた神の御子・主イエスを見捨ててしまいました。また、彼らは隣人を自分のように愛することができず、かえって人々を支配する者になりたいと願っていました。さらに、弟子たち同士で互いに愛し合うこともできず、最後の晩餐の席上でも、だれが一番偉いか論争していました。しかし、愛のなかった弟子たちも、主イエスが復活されてから五十日後に、神と主の聖霊を受けてからは、聖霊に満たされ、神からの知恵と力と愛によって、主イエスのように神と人を愛し、互いに愛し合い、豊かな愛の実を結ぶ人となり、新しい神の御国である教会を建て上げていったのです。

各地の教会を荒らし回って、多くの信者を牢に入れ、ステパノ等を殺していたパウロが主イエスによって許された時、愛の聖霊に満たされていた教会の信者たちは神と主の愛で許して受け入れたばかりでなく、自分たちの教会の指導者の一人と認めたのです。さらにまた、長い間互いに敵対関係にあった多くのユダヤ人と異邦人（ユダヤ人以外の人）は、神の愛と主イエスの十字架の愛を知り、神と主の愛に見倣って、互いに許し合って和解し、地上の神の御国である教会で、ともに愛の神を礼拝するようになったのです。このように、主イエスは、二千年前、世界の各地に、多くの、神の愛の御国の民としてふさわしい人を育てられたのです。

私は、四十年間、七つの教会で牧師として奉仕し、この間に百二十人ほどの人たちに洗礼を授けましたが、多くの洗礼希望者が、「私には、信者になってから、聖書の神のみことばを実行できる自信がありません」という心配をしていました。あなたも同じような心配をしているかもしれませんが、安心してください。あなたが、自分中心な生き方をやめて、主イエスを自分の救い主と信じ、主として従う決心をされるなら、聖霊によって霊的・人格的に新しく生まれ変わり、聖霊に導かれ満たされて、神の愛のみことばを少しずつ実行できるようになり、必ず主イエスに似た人へ成長していくことができます。

③この世界（地上）の神の愛の御国である教会を建て上げましょう

第二章で記したように主イエスが宣べ伝えられた神の福音（喜びの知らせ）は、神の御国の福音です（マルコ1・15等）。この神の御国の福音は、私たち、永遠に神に見捨てられて当然の罪人が、神が完全な愛をもって支配し、永遠の神の御国の民にされるという大きな喜びの知らせです。人間となってこの世界に来られた神の御子・主イエスは、神の御国について教えられただけではなく、神の御国をも見せてくださいました。主イエスは、神が愛しておられる人々を愛して、心の思い煩いと病気を癒やし、罪を赦し、死者を生き返らせることによって、永遠の神の御国が悲しみも苦しみも病気も罪も死もない世界であることを見せてくださったのです。

主イエスは、悪霊につかれた人を癒やした時、「わたしが神の御霊（聖霊）によって悪霊どもを追い出しているのなら、もう神の国はあなたがたのところに来ているのです」と宣言されました（マタイ12・28）。天の神の御国には悪霊も悪魔・サタンもいないからです。主イエスがおられるところが、この世界に実現した神の御国でした。主イエスは、ご自分がいつもそこにいて（マタイ18・20）、神の愛の働きをする、この世界（地上）の神の御国である教会を建て始められました。そして、主イエスは、自分中心な生き方をやめ、神の愛のみこころに従う決心をした人々を、神の御国の民（教会の信者）にされました。この世界（地上）の神の愛の御国である教会（信者）には、主イエスのように、全身全霊で神を愛し、自分と同じように人を愛し、信者同士互いに愛し合うことによって（ヨハネ15・12、Ⅰヨハネ4・11）、永遠の神の愛の御国のモデルになり、愛の神の栄光を現す使命が与えられています。

教会（すべての信者）は「あなたの御国が完成しますように」と祈りながら、主イエスから信託された、礼拝、伝道、聖書教育、交わりの教会の四大使命を果たしていかなければなりません。教会は、神を愛して、神を礼拝し、神の栄光のためのさまざまな奉仕をします。教会は、全世界の人々を愛して、神の愛の御国の福音を宣べ伝え、神の愛を受け入れた人々を、永遠の神の愛の御国へ導きます。教会は、信者みなで神の愛と恵みを分かち合う交わりをし、すべての信者は、すべての人に神の愛と恵みを公平に分かち合うための、愛の働き（福祉）や労働（仕事）をします。教会の信者は、神と人を愛し、互いに愛し合う神の御国の民として、ともに聖書を学び、神の愛のみことばに従って、愛の人、主イエスに似た人にともに成長します。

私は、牧師として教会と教会に集う人々のために祈る時はいつもまず、「私たちがみな、広く長く高く深い神の愛と人知をはるかに超えたキリストの愛を知り（エペソ3・18―19参照）、愛の聖霊に満たされて、互いに愛し合い、神と隣人を愛する教会として成長させてください」と祈っていました。また、自分中心な生き方をやめ、神の愛の救いを受け入れ、主イエスを信頼して従う告白をして、洗礼を受ける人には、「私は、神と隣人を愛し、兄弟姉妹と互いに愛し合います」という約束をしていただきました。

新約聖書は多種多様な教会のイメージを教えています。聖書的な教会は、神を王として崇敬し忠実に従う「神のものとされた民」（Ｉペテロ2・9等）、神を礼拝して仕える「神の家」（Ｉテモテ3・15等）、父である神と長子である主イエスの愛で兄弟姉妹とされた信者が互いに愛し合う「神の家族」（エペソ2・19等）、神の栄光のために罪や悪い者と戦う「キリスト・イエスの立派な兵士（の群れ）」（エペソ6・10―17、Ⅱテモテ2・3等）、主イエスに見倣う「キリストに倣う者（の集まり）」（マタイ11・28―29、Ｉコリント11・1等）、主イエスに愛され主の導きに従う「羊の群れ」（ヨハネ10・26等）、主イエスがかしらで信者が手足として主のお働きをする「キリストのからだ」（Ｉコリント12・27、エペソ1・23等）、主イエスにつながって豊かな愛の実を結んで父である神の栄光を現す「ぶどうの木」（ヨハネ15・5、8節等）、夫であるキリストにふさわしく整えられていく「キリストの花嫁」（黙示録21・2等）、神の真理のみことばに従い伝える「真理の柱」（Ｉテモテ3・15等）、神に賛美と感謝ととりなしの祈りをささげる「祭司の集まり」（Ｉペテロ2・9等）、世界の光として輝き、神の栄光を現す「燭台」（黙示録1・20等）等です。

今、あなたがどこかの教会に集っておられるなら、その教会には、聖書の中のどのイメージの教会に近い特色があるでしょうか。ぜひあなたも、集っている教会と世界のすべての教会が、どれか一つ以上の聖書の教会のイメージを目標にして、成長できるように祈って、奉仕してください。

④ 神の御国は必ず完成します

今、この世界には、この世（神に逆らう人間の社会）の国々と神の御国があります。これは大切なことですので、この世の国と神の御国の関係について簡単に説明します。主イエスは、「わたしの国はこの世のものではありません」と宣言されました（ヨハネ18・36）。この世の国々は栄枯盛衰を繰り返していますが、主イエスが建て上げ始めた新しい神の御国は、日々成長し、全世界に広がっていきました。

人間が作った国の制度は不完全で（Iペテロ2・13等参照）、国民の基本的人権を尊重し、福祉を増進し、世界平和維持のために貢献する国から、絶対的な権力で国民と世界を支配しようとし、国に従わない国民（教会も）を迫害する国に変容することがあります（黙示録13・1—10等）。この世界（地上）の神の御国である教会は、使徒たちの時代から、自分たちが住む国の国民と指導者たちのために祈り、神のみこころに沿ったことをする国には協力し、国が神のみこころに反することを求めてきた時は、人や国に従うより神に従ってきました（使徒5・29）。

ヨーロッパには、多くの「キリスト教国」が生まれましたが、これらのキリスト教を国教とする国は神の御国ではありません。これらの国のキリスト教の洗礼（幼児洗礼が多い）を受けている国民の多くが、自分の意志で主イエスを救い主と信じ、主として従う決心をしていませんし、聖霊によって新しく生まれ変わってもいないし、神の愛のみこころに従う生き方をしていないからです。主イエスの時代に、巨大なローマ帝国の中にあった小さな地上の神の御国は、今日では、世界のすべての国境を越え、あらゆる国民、民族、部族の中に広がっています。

地上の神の御国である教会は、指導者も教会の信者も決して完全ではありません。聖霊によって新しく生まれ、神の子どもとされたクリスチャンの中には、まだ生来の自分中心な罪深い性質（原罪）が残っています。二千年間に建てられた世界のどの教会にも、多種多様な問題や課題がありました。聖書は、問題や課題のある不完全な教会を教え導き育てる主のみことばです。また、教会の歴史は、過ちや罪のある教会を、「見よ。わたしは世の終わりまで、いつもあなたがたとともにいます」と弟子たちに約束した主イエスが（マタイ28・20）愛し、赦し、導き育てられた、愛の主のあわれみの歴史でもあります。現代の教会も、信仰と希望と愛とともに不信仰と失望と不和がある不完全な共同体ですが、主から与えられた、神への礼拝、愛の神の救いの福音の宣教（伝道）、愛の神のみことばである聖書による教育、神の愛と恵みを分かち合う交わりの使命を果たしつつ、聖霊に満たされて、完成を目指して前進しています。

天では、偉大な大祭司である主イエスが、全世界の教会と信者の成長と完成のために祈っておられ（ローマ8・34、ヘブル4・14等）、すべての信者たちの心の中では聖霊が、神の愛のみこころが行われるように、一人ひとりのために祈っていてくださいます（ローマ8・26―27）。使徒たちも、「あなたがたの互いに対する愛を、またすべての人に対する愛を、主が豊かにし、あふれさせてくださいますように。……神の御前で、聖であり、責められるところのない者としてくださいますように」（Iテサロニケ3・12―13）、「あなたがたを完全に聖なる者としてくださいますように」（同5・23）、と祈っています。私も、主イエスと聖霊と使徒たちの祈りに合わせて、牧師として奉仕した四十年余り、教会の信者とその家族、求道者等教会に集うすべての人の祈りのカード（全部で五百五十枚以上になりました）を作り、毎週数時間、集中祈禱をして、一人ひとりの成長と完成を祈り続けてきました。

「あなたの御国が完成しますように」は、原典のギリシア語では、絶対に実現されよという命令形ですから、この祈りは、「御国が絶対に完成されますように！」と訳すことができます。愛に満ちあふれておられる神は、永遠の神の愛の御国を完成する計画をお立てになり、悪魔の働きや人間の罪がその計画の実現を一時的に妨げても、必ず、完全な永遠の神の愛の御国を完成されます。聖書は、この世界の終わりに、主の主、王の王である主イエス・キリストが、神に敵対するすべてのものを滅ぼし、永遠の神の愛の御国を完成され、神にお渡しになるので、神がすべてにおいてすべてとなられると宣言しています（Ｉコリント15・28）。

私たちは、まず第一に、「三位一体の愛の神様。私の生活と人生を、絶対にどうしても、あなたの愛が支配する神の御国として完成してください」と祈り、第二に、「私たちの家庭と社会と世界に、絶対にどうしても、あなたの愛が支配する御国がくるようにしてください」と祈りながら、神の御国の福音を、家族、隣人、全世界のすべての人に宣べ伝えなければなりません。そして、第三に、「三位一体の愛に満ちあふれておられる神様。絶対にどうしても、あなたの完全な永遠の愛が支配する御国を完成してください」と祈りつつ、永遠の神の御国を喜んで待ち望みましょう。

第六章　みこころが行われますように

　私は神の子どもとされてから、聖書のことばを、父である神、また、主イエスが私に語りかけてくださるみことばとして聞き、応答する祈りをしています。例えば、「敵を愛し（なさい）」という、主のみことばを最初に聞いた時は（マタイ5・44）、聞かなかったことにしました。そんなことは絶対に無理だと思ったからです。二度めに聞いた時には、「もう少し待ってください」と言って、聞き流しました。三度めは、「主よ。あなたは本当に、この弱い私に敵を愛することを求められるのですか？」と文句を言いました。四度めには、「主イエス様。あなたご自身は敵を愛されましたか？」と失礼な質問をし、すぐに、「あなたは、確かに敵を愛し、迫害する者のために祈られました」と、主が私たちに「しなさい」と命じられることはすべて、主ご自身が実行しておられることを認めました。五度めに、「私は罪深く、あなたのような愛がないので、とても敵を愛することはできません」と正直に告白し、六度めにこのみことばを、すでに実行された主イエスのみことばとして聞いた時に、ようやく、「主よ。あなたが私を、敵を愛する者に成長させてくださると信じます」と信仰告白をし、七度めに、「まず私は、受け入れるのが少し難しい人から愛します」と、主イエスに約束しました。それから十年ほど経った時、私は、ほとんどだれでも受け入れられるようになり、さらに十年後は、私を非難したり苦しめたりする人のためにも、祝福を祈ることができるように変えられました。

今日、私は、父である神が私を、御子・主イエスのような、神と隣人、また敵をも愛する者へ造り変えてくださると信じています。神のみことばは、私にとって「目標」であり、神が必ず実行できるようにしてくださるという「約束」であり、「希望」です。他の聖書のことばも、主のみことばとして聞き、正直に応答し、すなおに受け入れ、みことばを実行させてくださる主を信頼して、まずみことばの十パーセントほどを実行することから始め、百パーセントを目指して、少しずつ実行できる割合を高めながら歩み続けています。

1　「お父さんのみこころが行われますように」と祈りましょう

①愛の神のみこころは愛です

主イエスは、「主の祈り」の第三の願いとして、「みこころが地でも行われますように」と祈るように教えられました。新約聖書の原典では、「あなたのみこころが行われますように」という祈りですから、これは、天におられる私たちのお父さんである神のみこころが、地上（この世界）に実現することを願う祈りなのです。

主イエスは、父である神が善いお方で、その神のみこころが最善であることを知っていたので、「良い方（新共同訳は「善い者」）は神おひとりのほか、だれもいません」と言われたのです（マルコ10・18）。主イエスは、地の上（この世界）では、生まれつき自分中心な人間が、神のみこころにかなう善を行わないで、悪いことを行っているために、人間の作る社会と人間自身がたいへん不幸な状態になっているのを見て（ローマ1・26―32、7・19、24）、最善である神のみこころが、この世界でも行われるように祈りなさいと、弟子たち（私たち）に命じられたのです。しかも、主イエスは、「みこころが天で行われるように、地でも行われますように」と祈るように命じられました（マタイ6・10）。父である神のみこころは、天では百パーセント完全に行われています。主イエスは、神のみこころが、天で、完全に行われているように、地上でも完全に行われ、すべての人、すべての家族、すべての共同体、また、すべての生物が幸いに生きていけるようにと、強く願っておられるのです。最善である神のみこころがすべて完全に行われる所は、この上なく幸いな所です。

私は、まず第一に、愛の神のみこころが、自分の生活だけでなく、神に逆らっている人間の社会（聖書では「世」）のどこででも、また、すべての家庭において行われるように祈っています。

次に、神のみこころが、自分の住んでいる地域と国でだけでなく、全世界のあらゆる国と地域で行われるように祈っています。そしてさらに、みこころが、自分の生きている間だけでなく、どの時代にも、すべての日に行われるように祈っています。そして、私は日々、「あなたのみこころが行われますように」と祈りつつ、主イエスに見倣って、喜んで神のみこころを行う歩みを続けています。

②神と主イエスの愛を知り、神と主イエスに見倣う者になりましょう

使徒パウロは、エペソ教会の信者たちが、神の愛の広さ、長さ、高さ、深さを理解し、人知をはるかに超えたキリストの愛を知ることができるように祈り（エペソ3・18―19）、神に愛されている神の子どもとして、神に見倣う者となるように、そして、神と主イエスの愛のうちを歩むように勧めています（同5・1―2）。

第一に、父である神の愛は、私たちの救いのためにひとり子を与えてくださった愛です。主イエスの愛は、私たちのためにご自分をささげてくださった愛です。聖書が、「神はそのひとり子を世に遣わし、その方によって私たちにいのちを得させてくださいました。それによって神の愛が私たちに示されたのです」と宣言し（Ｉヨハネ4・9）、「キリストは私たちのために、ご自分のいのちを捨ててくださいました。それによって私たちに愛が分かったのです」（同3・

16）と教えているとおりです。初代教会時代の多くの神の子どもたちは、神と主イエスの愛に見倣って、神と人を愛するために、神から与えられたすべてのもの、自分のいのちまでもささげました。今、神の子どもである私たちも、彼らのように、神と主の愛に見倣い、神と人を愛する者として成長させていただかなければなりません。

第二に、神と主イエスの愛は、純粋な愛です。使徒パウロは、クリスチャン生活の目標は、「偽りのない愛」であると教えています（ローマ12・9）。新約聖書の原典では、この「愛」には定冠詞がついており、英語に訳せば、「THE LOVE（その愛）」です。「その愛」とは、もちろん、神と主イエスの愛ですから、「愛には偽りがない」という表現は、原典のギリシア語を丁寧に詳しく訳せば、「神と主の愛は、愛以外のものが一かけらも含まれていない（＝偽りがない）、完全に純粋な聖い愛である」となります。使徒パウロは、自分中心で、不純で、損得勘定をする、弱い、汚れた、偽りの愛しかもっていない私たちに、神と隣人を愛し、家族と教会の兄弟姉妹を愛し、敵も愛することを熱心にし続けて、目標である「神と主イエスの純粋な偽りのない聖い愛」に少しずつ近づいていくように勧めています（同12・9―21参照）。私たち神の子どもは、愛の聖霊に満たされて、神と人を愛して生きていく中で、自分の愛の不純や汚れ等に気づいたら、それを悔い改めて捨て、失望したりあきらめたりしないで、神と主イエスの純粋な聖い愛を、少しずつ、しかし、着実に身に着けていく歩みを続けなければなりません。愛の神は、私たちを必ず、神と人を愛する者として成長させてくださいます。

第三に、神と主イエスの愛は、私たちをこの上なく幸いな人にしてくださる愛です。神である主は、旧約聖書時代の神の御国の民であるイスラエルに、神の掟《おきて》と命令を守るなら、その人もその子孫も、幸せになると約束されました（申命4・40）。愛の神のみことば（掟と命令）は、私たちと私たちの子孫が、この上なく幸いな人になるために与えられたのです。もし、私たちが神のみことばに従って、神と人を愛し、家庭と教会で互いに愛し合うなら、私たちは必ず幸いになります。私は長い間、多くの結婚の準備をしている人たちに、聖書が教えている幸いな結婚について教えてきました（聖書結婚講座）。講座で学んだ聖書のみことばを守り行うカップルは必ず幸いな家庭を築きますが、たとえ教会の信者であっても、愛の神のみことばに従おうとしない人たちは、なかなか幸いにはなりませんし、離婚してしまうことさえありました。

主イエスが、神の多くの命令の中でいちばん大切な命令と言われたのは、「心を尽くし、いのちを尽くし、知性を尽くし、力を尽くして、あなたの神、主を愛しなさい」と、「あなたの隣人を自分自身のように愛しなさい」です（マルコ12・29―31）。また、主イエスが、主に見倣って生きる弟子である私たちに与えられた命令は、「わたしがあなたがたを愛したように、あなたがたも互いに愛し合うこと」でした（ヨハネ15・12）。すべての祝福とひとり子と聖霊を与えて私たちを愛してくださる父である神と（エペソ1・3―14参照）、私たち神の子どもが、心といのちと知性と力を尽くして愛し合うことができたら、この上なく幸いなことです。主イエスのように、神と隣人と敵を自分と同じように愛することができたら、私たちはこの上なく幸いな主の弟子になります。私たちが、家庭で家族と、教会で兄弟姉妹と、愛の聖霊に満たされて、互いに神と主イエスの愛で愛し合うことができたら、私たちの家族と教会はこの上なく幸いになります。神の子どもであり、主の弟子である私たちは、愛の聖霊に満たされて、神の愛のみことばを守り行うことができる幸いな人として成長していく歩みを続けましょう。

第四に、神と主イエスの愛は、私たちを育て成長させてくださる愛です。父である神の愛は、ご自分の愛するひとり子・主イエスを、多くの苦しみを通して、私たちの救いの創始者また完成者として成長させた愛でした（ヘブル2・10）。神の愛は、私たちと同じ人間となられた御子・主イエスを、聖霊によって、全身全霊で神を愛し、自分のように隣人と敵を愛する者、罪と悪、誘惑と迫害に苦闘して勝利する者、神に逆らう私たち罪人の救いのために、喜んで十字架の死の苦しみを受ける者にするという驚くべき愛なのです。そして、この神の愛は、主イエスと同じ人間である私たちを、主を完成された聖霊と、同じ聖霊によって、主イエスに似た者へ成長させ、神と人を愛された主と同じ姿に完成する愛なのです。

使徒パウロは、「神を愛する人たち、すなわち、神のご計画にしたがって召された人たちのためには、すべてのことがともに働いて益となることを、私たちは知っています」と告白しています（ローマ8・28、同脚注参照）。私は、父である神が私を御子・主イエスと同じ姿、完全な愛の人にしてくださると知った時（同8・29）、「どうぞ私を、主イエスに似た者にしてください」と祈りました。すると、それからは、私の身の回りに起こってくるすべてのことと、私が出会うすべての人が、私が主イエスに似た者へ造り変えられていくために、神によって用いられていることがはっきり分かるようになりました。この聖句で「益」と訳されているギリシア語のことばは「善」と訳すこともできます。今私は使徒パウロのように、愛の神が私にされるすべてのことが、私が御子・主イエスに似た者へ成長するために善いことになることをよく知っています。また、今まで私は何度も繰り返して聖書、特に四福音書を読んで、主イエスのみことばを心に蓄え、「こんな時は、この人には、主イエスならどうなさるだろうか」と祈り、考えながら、できるかぎり主イエスに見倣うように励んでいます。

あなたが神の子どもなら、あなたを愛しておられる父である神が、あなたが経験することや出会う人等を用いて、聖霊の働きによって、少しずつ主イエスと同じ姿に変えてくださると信じてください（Ⅱコリント3・18）。あなたはこの地上の人生では、主とまったく同じ姿にまでは変えられることはできませんが、人の姿をぼんやりと映した新約聖書時代の鏡のように（Ⅰコリント13・12）、あなたの人格と生き方の中に、主イエスの姿がぼんやり見えるほどにまで、主に似た者へ変えられることができます。あきらめないでください。なかなか主イエスのように、思い、考え、願い、語り、行えるようになれないことを悩み、うめく中で、聖霊によって、少しずつ主イエスに似た愛の人へ変えられていきます。愛の神が必ずあなたを主イエスに似た者へ成長させてくださるという希望に支えられて、神の子どもとして健全で幸いな歩みを喜んで続けてください。

使徒パウロは、「愛の賛歌」と呼ばれている聖書の箇所で、主イエスの愛がどんな愛かを教えています。「愛」ということばを「主イエス」に替えて読んでみましょう。「〔主イエス〕は寛容であり、〔主イエス〕は親切です。また人をねたみません。〔主イエス〕は自慢せず、高慢になりません。礼儀に反することをせず、自分の利益を求めず、苛立《いらだ》たず、人がした悪を心に留めず、不正を喜ばずに、真理を喜びます。すべてを耐え、すべてを信じ、すべてを望み、すべてを忍びます。〔主イエス〕（の愛）は決して絶えることがありません」（Ⅰコリント13・4―8）。この愛の賛歌が教えている主イエスの愛は、自分を愛してくれる者を愛する愛ではなく（マタイ5・46）、愛するに値するよい人を愛する愛でもなく、自分を愛してくれない人、愛することが難しい人、自分中心な人、悪いことをする人を許して受け入れ、忍耐し、愛し続けていく力強い愛です。私たち神の子どもが主イエスのように、自分中心な悪いことをする人を許して受け入れ、忍耐し、愛し続けて、主イエスに似た愛の人に変えられていくことが神のみこころなのです。いつか、「愛」ということばを自分の名前に替えて読めるようになるために、主の愛に見倣い続けましょう。

第五に、神と主イエスの愛は、だれに対しても、同じではないけれども公平な愛です。神と主イエスは、私たち一人ひとりに最もふさわしい恵みを与えて、愛してくださいます。

イスラエルをエジプトから救い出すために神に用いられたモーセは、その務めがとても負いきれない重荷になった時、疲れ果てて、「お願いです、どうか私を殺してください。これ以上、私を悲惨な目にあわせないでください」と神に訴えています（民数11・15）。預言者エリヤも、イスラエルの民を、偶像から真の神である主へ立ち返らせる奉仕で燃え尽きてしまった時、モーセと同じように、「私のいのちを取ってください」と神に訴えました（Ⅰ列王19・4）。全財産を奪い取られ、子どもたちがみな死んでしまい、自分も全身が悪性の腫物に冒されるという大きな苦悩の中でヨブは、こんな苦しみにあうなら、生まれてこなかったほうがよかったと、自分の生まれた日を呪ったうえで（ヨブ3・1）、死にたいのに死がこないと嘆いています（同3・21）。

モーセ、エリヤ、ヨブの三人は、同じような、死を望むほど苦しい状況にいましたが、神は、モーセに七十人の長老を協力者として与えて奉仕を続けさせ、エリヤには長期休暇と後継者を与え、ヨブの場合は、神は自分を愛しておられないと決めつけた彼の知的な高ぶりを叱責して、悔い改めに導き、再び祝福してくださいました。このように、同じような状況でも、神の一人ひとりに対するみこころと、それぞれに与えられる恵みは異なっているのです。神は、神を信じて従うすべての者に、罪の赦しと新生、神の子どもの身分、御子・主イエスに似た者に完成する恵みと永遠のいのち等、まったく同じ救いを与えられますが、一人ひとりの生活と人生の歩みの中で与えられる恵みは、それぞれ異なっています。しかし、神は一人ひとりに最もふさわしい恵みを与えてくださるので、神の愛は公平なのです。

神は、神に信頼して従おうとしていない人も、神の子どもとなっている人も、一人ひとりを、同じではないけれども公平に愛してくださいます。ですから、人はだれでも、他の人に与えられる神の恵みと自分に与えられる恵みを、決して比べてはなりません。むしろ、すべての人は、神がその人にとって最もふさわしく必要なことをしてくださるので、神の愛のみこころを信頼し、自分に与えられる恵みを感謝し、神が自分に与えてくださる使命と課題を果たしていく歩みをするべきです。

2 神のみことばに従うことが、神のみこころを行うことです

① 神のみことばが神のみこころです

詩篇の作者は、「あなたのみことばは　私の上あごになんと甘いことでしょう。蜜よりも私の口に甘いのです」と、神のみことばを味わい（詩篇119・103）、「あなたのみことばは　私の足

のともしび　私の道の光です」とみことばによる導きを感謝し（同119・105）、「みことばによって　私の歩みを確かにし　どんな不法にも　私を支配させないでください」と、祈っています（同119・133）。パウロは、若い牧師のテモテに書き送った手紙で、まず、聖書がすべて神の聖霊の導きによって書かれた、誤りのない神のみことばであると宣言しています。神のみことばは、人を教え、戒め、矯正し、神のみこころを行えるように訓練し、神に仕えようとする人を、神が喜ばれる奉仕のためにふさわしく整えられた者に成長させることができると教えています（Ⅱテモテ3・16―17）。すべての人は、神のみことばによって、真の神を正しく知り、神の愛のみこころを理解し、みこころを行うことができる者として整えられ、成長していくのです。

もしあなたが聖書を読んだことがなかったなら、ぜひ毎日、聖書を読んでください。キリスト教書店等で旧新約聖書を購入し、主イエスがどんなお方かを知るために、新約聖書の福音書から、一日に一章ほどを読むことをお勧めします。まず、読む前に、「神様。聖霊によって、私が聖書からあなたのみことばを聴き、悟り、受け入れ、実行できるように助けてください」等と祈ってください。そして、読んだ箇所から、第一に、神（父である神、主イエス、聖霊）がどんなにすばらしい方かを知り、神を賛美してください。第二に、神が今までにどんなにすばらしいことをすでに行い、今何をしているか、これから後どんなことをしてくださるかを知り、神に感謝してください。第三に、父である神と主イエスが、あなたも含めすべての人に、何を願っておられるかを知ってください。聖書から、自分に対する神のみこころを知ろうとするのは少し難しいことかもしれません。聖書の中の神を信じているすべての人に向けて語られたみことばと、ある特定の人に語られたみことばを区別して理解してください。すべての信者に語られたみことばは、原則的にあなたへの神のみこころでもあります。

ぜひあなたは、旧約聖書の「十戒」（出エジプト20・1―17、申命5・6―21）、預言者たちのイスラエルの民全体へのメッセージ、新約聖書の主イエスの「山上の説教」（マタイ5―7章）や「平地の説教」（ルカ6・20―49）、使徒たちの手紙にあるすべてのクリスチャンに対する教えや勧め等を、神が自分に語りかけられたみことばとして聴き、受け入れ、従ってください。そして、神の掟《おきて》と命令のみことばを聴いたら（例＝すべてのことにおいて感謝しなさい〔Ⅰテサロニケ5・18〕）、まず第一に、自分がそれに十分に従っていない（例＝すべてのことは感謝していない）ことを認めて、神の子どもとして、お父さんである愛の神に、「ごめんなさい」と告白して赦していただきましょう（Ⅰヨハネ1・9）。第二に、今の自分がどこまで（何パーセント？）そのみことばを行えるようになっているかを確認しましょう（例＝神の救いや祝福は感謝できているが、責任や課題、問題や試練等は感謝できていない）。第三に、みことばの全体（百パーセント）を実行する人になる目標に向かって、聖霊に満たされて、今より半歩前進（例＝課題や試練も感謝できるようになる）しましょう。愛の神のみことば（掟と命令）はどれも、神が、私たちが必ず行えるようにしてくださるという約束ですから、すぐに全体（百パーセント）を実行できなくても、決してあきらめてはいけません。必ず、みことばを行うことができるようになるという希望をもって、聖霊に満たされて、神の子どもとされてから、十年で十パーセント、二十年で三十パーセント、三十年で五十パーセントというように、少しずつみことばを実行する人として成長する歩みを続けましょう。

一方で、聖書の中で、ある特定の人や、ある教会のある特定の問題について語られたみことばは、そのまま文字どおり自分への神のみこころとして受けとめる必要はありません。そういうみことばからは、すべての神を信じて従う者に対する聖書的原則を理解して、それを自分の生活に適用して（当てはめて）従うようにすればよいのです。

例えば、主イエスは金持ちの人に、「あなたの財産を売り払って貧しい人たちに与えなさい。……そのうえで、わたしに従って来なさい」と命じられましたが（マタイ19・21）、あなたには、全財産を売り払って貧しい人に与えるようにとは命じておられません。あなたはこの主のみことばから、自分のお金や持ち物は、主のみこころに従って用いなければならないことを理解して実行し、今後も主イエスに従っていく歩みを続ければよいのです。また、使徒パウロはピリピの刑務所の看守に、「主イエスを信じなさい。そうすれば、あなたもあなたの家族も救われます」と語っていますが（使徒16・31）、このみことばは、あなたが主イエスを信じたら、必ずあなたの家族も救われるということを保証してはいません。主イエスは他の聖書箇所で、一つの家族が主を信じる人と、信じた家族を迫害する人に分かれることがあると教えておられるからです（マタイ10・34―36等参照）。あなたがしなければならないことは、まず主イエスを自分の救い主として信じ、自分の主として従う決心をすることです。そして、主イエスだけが家族を罪と死と滅びから救うことができる唯一の救い主であると信じて、看守のように家族を愛して、神と主イエスの愛を自分の証しや本等で家族に伝え、クリスマスや教会の特別な集会等へ家族を誘うこと等です。

聖書を読んで理解する時の大原則は、「聖書は聖書で理解する」です。ある人が聖書から、自分に対する神のみこころを知ろうとして、目を閉じたまま、聖書を開き、そのページのある箇所を指さしたところ、「ユダが首をつった」と書かれていたので、驚き、もう一度同じ方法で別のページでやり直したら、今度のみことばは「あなたも行って同じようにしなさい」という主の命令だったという笑い話があります。この話のような聖書の読み方はたいへん危険ですから、決してしてはいけません。

毎日、新約聖書を一章ほど読んで祈り、聴いて受け入れた神のみことばを少しずつ実行する習慣ができたら、ぜひ続いて旧約聖書も通読してください。旧約聖書の前半にある歴史書や、中ほどにある詩篇や箴言等は、比較的理解しやすい内容ですが、後半の預言書は、聖書の解説をしている注解書等を読まないと理解できないかもしれません。新約聖書でも旧約聖書でも、ある聖書箇所を読んだら、できるだけその箇所の脚注（各ページの下部にある）に書かれている並行箇所（同じような内容の箇所）や関連する聖句を読んで、みことばを十分に正しく理解するようにしてください。例えば、「わたしが来たのは……罪人を招くためです」と（マタイ9・13、マルコ2・17）、「わたしが来たのは……罪人を招いて悔い改めさせるためです」という（ルカ5・32）、よく似ている聖書のことばがあります。二つの主イエスのみことばを読み比べると、マタイとマルコの福音書では、罪人を救ってくださる神のあわれみが強調されていて、ルカの福音書は、あわれみ深い神に救われるために人間がするべき悔い改め（生き方を変えること）の大切さを教えていることが分かります。また、主イエスは弟子たちに、「あなたがたは、信じて祈り求めるものは何でも受けることになります」と約束しておられますが（マタイ21・22）、ヤコブは祈りについて、「求めても得られないのは、自分の快楽のために使おうと、悪い動機で求めるからです」と戒めています（ヤコブ4・3）。そして、ヨハネは、「何事でも神のみこころにしたがって願うなら、神は聞いてくださるということ、これこそ神に対して私たちが抱いている確信です」という結論を示しています（Ⅰヨハネ5・14）。少し面倒で、時間がかかると思いますが、ぜひこのように個々の聖句を聖書全体から理解できるようになってください。

また、旧約聖書を読む時には、「旧約は新約の光の中で理解する」という、もう一つの大切な聖書理解の原則を覚えて、旧約聖書を正しく読んで理解してください。聖書は、神がご自分のみこころを旧約聖書の時代は預言者たちを通して、多くの部分に分け、多くの方法で語り続けておられたけれども、新約聖書時代には、御子・主イエスによって、すべてを語り終えられましたと教えています（ヘブル1・1―2、原典のギリシア語の直訳）。このみことばが教えていることは、旧約聖書は、神が私たちにお語りになりたかったことのすべてではなく、一部分で、神がお語りになりたかったことは、新約聖書で語り終えられ、完結したということです。ですから、これも少し難しいことですが、できるだけ、まず新約聖書全体を読んで理解してから、旧約聖書を読み、新約聖書と同じようなことが書かれている場合は、新約聖書を優先するようにしてください。

例えば、レビ記一一章には、イスラエル人が食べても良い物と、食べてはいけない物に関する「食物規定」があります。しかし、マルコの福音書七章一九節には、主イエスはすべての食物をきよい（食べても良い）とされたことが記されていますし、使徒パウロは、すべての物はきよいけれども、それを食べて人につまずきを与えるような場合は悪いと教えています（ローマ14・20）。それで、私は、会食をする時に、酒を悪い物と考えている人や酒に弱い人がいる時は、同席している他の信者たちに、そういう人々を愛し、つまずかせないために、禁酒するように指導しています。ぜひあなたも新約聖書の光の中で旧約聖書を読んで理解し、受け入れ、少しずつ実行する歩みをしてください。

②聖書を教会で共に学び共にみこころに従いましょう

私たち一人ひとりが聖書の神のみことばを聴き、神のみこころを悟り、受け入れ、実行する歩みをすることは、たいへん大切なことですが、聖書の研究（難解聖句の学びを含む）、聖書の教理（信仰に関する教え）や倫理（生活に関する教え）等は、教会で牧師や兄弟姉妹とともに学び、学びを通して理解した神のみこころに、ともに従いましょう。なぜなら、聖書は、神が神の御国の民（旧約聖書時代はイスラエル、新約聖書時代は教会）に与えられた、神の真理のみことばだからです。また、一人で聖書を学んで理解しようとすると、偏った間違った解釈をしてしまうことがあるからです。使徒ペテロも聖書の預言のみことば等はみな私的な解釈をしてはならないと戒めています（Ⅱペテロ１・20）。

しかし実際に、教会で聖書を学び、みなでみこころに従おうとする時には、少しややこしいことがあります。それは、世界中のどこの教会でも信じて従われている聖書の教理と倫理がある一方で、聖書に基づく教えと信者の生活指針が教会（教派や教団）によって少しずつ違う所があるということです。私は、聖書には重要性の異なる三つのレベルの真理があると考えています。第一が、聖書の中心部分にある絶対的な普遍的真理で、第二が、その周辺部分にある必然的な教派的真理、第三が、外周部分にある原則的な個人的真理です。

絶対的な普遍的真理とは、全世界のすべての教会が信じ、告白し、従っている真理です。父、子、聖霊の三位一体の唯一の神、神による世界の創造、キリストの処女降誕、十字架、復活、昇天、再臨、公同教会（世界に一つしかないすべての神の子どもたちが属している目に見えない教会）と地域教会（各地域にある目に見える教会）、完全な罪の赦し、世界の終末、死者の復活、永遠ののち、最後の審判、永遠の滅び、永遠の神の御国等、古代教会の時代の信仰告白文で最も有名なニケア信条等の正統的基本信条で告白されている真理です。これらの真理を否定するグループは、たとえキリスト教会と自称していても、異端です。使徒パウロは、ガラテヤ地方の教会へ手紙を書き送り、「私たちであれ天の御使いであれ、もし私たちがあなたがたに宣べ伝えた福音に反することを、福音として宣べ伝えるなら、そのような者はのろわれるべきです」と（ガラテヤ1・8）、ガラテヤ教会の信者たちへ真の聖書の教えに反する教えを宣べ伝えた異端者に、神のさばきを宣告しています。あなたもぜひ教会で、聖書の絶対的な普遍的真理である基本教理を学び、信じて告白し、全世界の教会の信者とともに、この神の真理に忠実に従う歩みをしてください。

しかし、驚かれるかもしれませんが、聖書の中には、聖書が詳細に、また断定的に教えていないために、聖書を読む人（教会・教派や教団）によって、少しずつ異なる理解と確信に導かれる事柄があります。これが聖書の必然的な教派的真理です。例えば、洗礼（バプテスマ）については、教派によって、親の信仰に基づいて幼児に洗礼を授ける「幼児洗礼」、成人した人だけが受けられる「成人洗礼」、子どもでも大人でも信仰があれば受けられる「信仰洗礼」等の理解があります。洗礼の形式においても、頭に三度水をかける「滴礼」、洗礼器の水を頭から灌《そそ》ぐ「灌水礼《かんすいれい》」、全身を水に浸す「浸礼」等の違いがあります。教会の運営体制（教会政治）についても、一人の監督（牧師や司祭）が教会を指導する「監督制」、牧師と複数の役員（長老と執事）が合議して指導する「長老制」、すべてのことを信者全員で話し合って決めていく「会衆制」等があります。ほかにも、教会、教派、教団によって少しずつ異なることが多くありまし、確信している教理を、信条、信仰告白、信仰規準として表明している教派や教団もあります。あなたがどこかの教会（教派や教団）に所属される時は、その教会（教派や教団）が理解して確信している聖書の必然的な教派的真理を理解し、尊重して、教会生活を送ってください。また、あなたがすでにどこかの教会の信者なら自分が所属する教会（教派や教団）の聖書的な理解と確信（信条、信仰告白、信仰規準等）を、批判や否定をせずに、牧師と教会役員、他の信者と協力して、主イエスがその教会に信託された使命（礼拝、福音伝道、聖書教育、交わり）を果たすために、喜んで奉仕をしてください。また、他の教会（教派や教団）の聖書的な理解と確信を認め、主イエスからすべての教会（公同教会）に与えられている使命を果たすために、教会（教派や教団）の教理の違いを超えて、協力してください。

さらに、私たちの生活の中には、聖書が具体的な指針を与えていないことが数多くあります。聖書を読む人（教会・教派や教団）によって、まったく正反対の理解と確信に導かれることさえあります。これが聖書の原則的な個人的真理です。例えば、酒とたばこについては、教会（教派や教団）によって、絶対禁酒禁煙の立場、健康と隣人への配慮を重視する立場、各自の自由な判断にまかせる立場等さまざまです。このような、個人倫理（生活指針）的な事柄については、教会（教派や教団）が信者に文書にしてガイドライン（指針）を示すことが必要です。

次に、信者各自が、そのガイドラインを参考にしながら、聖書から原則を学び、その聖書的原則の理解と確信を、自分の生活に適用して（当てはめ）、実行していく必要があります。

例えば、私自身は、人工授精について、配偶者間の体内人工授精は信仰的に容認できますが、非配偶者間の人工授精と人が創造主になるような、また、真の当事者である生まれて来る子どもの同意なしに行われる体外人工授精は信仰的に容認できません。ぜひあなたも、使徒パウロが勧めているように、個人の生活、家庭、教会、社会（政治や経済も含む）、そして、世界のさまざまな倫理的問題について、聖書を学んで理解し、自分の心の中で確信をもち（ローマ14・5）、主のためにどうすべきか考え（同14・6）、自分とは違う理解と確信をもっている兄弟姉妹たちと、互いに相手を否定したり、さばき合ったりしないで（同14・13）、神の御前で、自分の聖書の理解と確信を自分の信仰として保ってください（同14・21）。可能なら、教会で、さまざまな倫理的問題について牧師や他の信者とともに聖書を学び、お互いの考えを理解し合ってください。お互いを、キリストが代わりに死んでくださったほどの人として、互いに愛し合い（同14・15）、お互いの霊的成長に役立つことを追い求め（同14・19）、キリストが神の栄光のために私たちを受け入れてくださったように、互いに受け入れ合ってください（同15・7）。

③ 神のみこころは必ず実現されます

「みこころが行われますように」は、原典のギリシア語では、絶対に実現されよという命令形ですから、この祈りは、「父である神のみこころは絶対に行われよ！」と訳すことができますし、神のみこころはすべて必ず実現されると確信することができるのです。

父である神は、第一に、必ず、私たち神の子どもを御子・主イエスのように、神のみこころを行うことができる者にしてくださいます。御子・主イエスは聖霊に満たされて、父である神のすべてのみこころを行い完成されました。私たちも同じ聖霊に満たされて、神のみこころを行うことができます。何よりもまず、神の子どもとされた私たち一人ひとりの心の中に住んでおられる聖霊が神のみこころに従って私たちのためにとりなしの祈りをしてくださるので（ローマ8・27）、私たちの生活と人生に神のみこころが実現するのです。聖霊は、神の子どもとされていても、まだまだ幼く弱い私たちの、神と人を愛して生きていきたいと願っている内なる人を強くしてくださって（エペソ3・16）、私たちが神のみこころを行うことができるようにしてくださいます。聖霊に満たされ、導かれて歩むなら、私たちは、決して、生来の自分中心な性質（聖書では「肉」）の欲望を満足させることはありませんし（ガラテヤ5・16）、聖霊が、私たちの生活と人生で結んでくださる実は、愛で（ガラテヤ5・22）、その愛は、神と人を愛するという、最も大切な命令を実現するのです（ローマ13・10）。

四十数年前、牧師として任職される時に与えられたみことばは、「喜びをもって主に仕えよ」でした（詩篇100・2）。以来、私は、主イエスご自身が三度祈り、喜び進んで十字架を負われたように（本書第二章4②参照）、主を喜び誇り、喜んで主を礼拝し、霊に燃えて、すべてを主にささげて奉仕し、喜んで、家族、兄弟姉妹、隣人を愛し、みこころに従うように努め励んでいます。ぜひあなたも、主イエスに見倣って、父である神に、「わが神よ　私は　あなたのみこころを行うことを喜びとします」という告白をして（同40・8）、喜んで、神、家族、兄弟姉妹、隣人を愛する人として成長してください。

第二に、神は、必ずご自分のすべてのご計画を完全に実現されます。神である主は、「必ず、わたしの考えたとおりに事は成り、わたしの図ったとおりに成就する」と誓って、宣言しておられます（イザヤ14・24）。今日まで、真実な神が聖書で宣言し、約束し、預言された数えきれないほど多くのみこころが実現しています。神がこの世界の終わりに起こると預言しておられることと、ご自分が成し遂げると約束しておられることも必ず、絶対に成就し完成されます。私たちが御子・主イエスと同じ永遠の栄光の姿に完成される救いは、絶対に実現します。教会は、神が愛によって支配される永遠の神の御国として絶対に完成します。そして必ず、永遠の神の愛の御国において、神がすべてにおいてすべてとなられます（Ｉコリント15・28）。

「主の祈り」の最初の三つの祈願は、神のための祈りで、この三つの祈りは一つにつながっています。父である神のみこころが、百パーセント行われるところが、神の御国であり――それで、ルカの福音書一一章の「主の祈り」には、「御国が来ますように」という祈りの後に（ルカ11・2）、「みこころが行われますように」という祈願がありません――神の御国が完成されれば、そこでは父である神の御名が常にあがめられるからです。

　私たちは、聖霊に満たされ、御子・主イエスに見倣い、神のみこころに喜んで進んで従い、全世界のすべての神の民とともに、地上の神の御国である教会を建て上げ、父である神の栄光を現しましょう。天のお父さんである神のみこころはすべて絶対に成就し、永遠の神の愛の御国は絶対に完成し、父である神の御名は絶対に永遠にあがめられます。

第七章　日ごとの糧をお与えください

あなたは、「主の祈り」はいつ祈る祈りだと思いますか。朝でしょうか、それとも夜でしょうか。実は、「主の祈り」は、夕方祈るように、主イエスが私たちに与えられた祈りなのです。それは、聖書の時代、一日が夕方から始まり、夕方に終わっていたからです。神の御国の民が、すべての仕事を休み、ともに集まって、神を礼拝する安息日は、金曜日の夕方から土曜日の夕方まででした。ですから、一日が終わった夕方に、「今日の私たちのあなたへの負い目（罪）を、お赦しください」と祈り、新しい日が始まった夕方に、「私たちの日ごとの糧を、これから始まる今日もお与えください」と祈るのです。また、一日の始まりである夕方に、新しい日の計画を立て、仕事等のために必要な準備をして、「今から始まる一日も、私たちを、試みの中に見放さず、悪い者からお救いください」と祈るのです。できれば、あなたも、夕方あるいは夜、終わった一日を省み、始まる一日を覚えながら、「主の祈り」を祈ってください。

夕方に「主の祈り」を祈る生活とは、一日の歩みを振り返って、神に賛美と感謝をささげ、失敗を反省し罪を悔い改め、新しい日の計画を立て、そのために必要なものを準備し、夜明けから日没までにその日の仕事を成し遂げていく生活です。これがマタイの福音書の「主の祈り」で日ごとの糧を「今日」お与えくださいと祈る意味です。この祈りは、神の子どもとされた私たちに、今日行うように神から与えられた奉仕と仕事をそのために必要なものも神から与えていただいて、すべて成し遂げていく生き方を教えています。こういう生活をしていけば、毎日が充実し、奉仕と仕事において熟練し、神のみこころを行う者として着実に成長し、教会をみことばにしたがって建て上げ、神の栄光を現すことができるようになります。

主イエスが人として過ごされた三十年ほどの生涯の中で救いの働きをされたいわゆる「公生涯」は、三年ほどという短さでした。しかし、三年間の一日一日を神のみこころを行って歩み、父である神から信託された使命をすべて成し遂げ、弟子たちを育て、教会を建て上げ、神の栄光を現されました（ヨハネ17・4）。私も、夕方あるいは夜九時頃までに、その日の奉仕をなし終え、その後で、次の日の奉仕のための準備をしています。ぜひあなたも、夕方あるいは夜に、一日を振り返り、新しい日の準備をする生活を身に着けてください。

主イエスは、「明日のことまで心配しなくてよいのです。明日のことは明日が心配します。苦労はその日その日に十分あります」と教えられました（マタイ6・34）。このみことばの中の「苦労」の原語の意味は、「トラブル」です。私たちが神のみこころに従って奉仕と仕事をしようとすると、毎日いろいろなトラブルや問題が起こるので、私たちは毎日祈りながら苦労してトラブルや問題を解決しなければなりません。そういう歩みを続けていく時、私たちは神の導きと助けを経験し、神と人を愛して奉仕する者として成長し、神と人のための仕事をする者として、熟練した者となることができるのです。

一方、ルカの福音書の「主の祈り」では、日ごとの糧を「毎日」お与えくださいと祈ります(ルカ11・3)。この祈りは、私たち神の子どもは、神から与えられた使命と責任を果たすために、毎日、毎週、毎年、そして人生全体の計画を立て、そのために必要なものを一生の間毎日与えていただいて、神の栄光を現すことができることを教えています。主イエスは譬《たと》え話で、塔を建てる時には事前の十分な検討と計画、必要な費用の準備が必要であることを教えておられます(ルカ14・28—30)。私たちは、神が私たち一人ひとりに与えられた人生の使命と責任を果たすためによく考えて計画を立て、必要なものを父である神に祈り求めつつ、十分な準備をしなければなりません。毎週と毎月と毎年のスケジュールを立て、短期と長期の人生設計と生活設計と経済設計をしましょう。私たちを愛していてくださる父である神は、私たちにご自分のみこころを示し、私たちがみこころを行うために必要なものを備え、それを必要とする時に与えてくださいます(創世22・14、詩篇127・2〔脚注〕等)。私たちは今日、そして毎日、父である神から必要なものを与えていただいて神からの使命と責任を果たし、神の栄光を現しましょう。

1　日ごとの必要をお与えください

①すべての必要なものは神が与えてくださいます

主イエスは、父である神が悪い人にも良い人にも太陽を昇らせ、正しい人にも正しくない人にも雨を降らせてくださる神で（マタイ5・45）、すべての人に何が必要かを知っておられる神であると教えておられます（6・32）。「日ごとの糧」の「糧」は、新約聖書の原典（原語）では、「パン」です。神の御名と御国とみこころのための祈りを、「大きな祈り」とすれば、一つのパンのための祈りは「小さな祈り」でしょう。しかし、この「小さな祈り」は、私にとっては、「大きな喜びの祈り」です。主イエスは私たちに、天の父である神に、「今日私たちが食べるパンを与えてください」と祈るように命じておられます。この祈りは、全知全能の至高の神、全世界を創造し支配しておられる偉大な神、世界の歴史を導き、永遠の救いのご計画を実現される完全な永遠の愛の神が、小さな無に等しい私たちのことを心配して、毎日、必要な食べ物を与えてくださるという約束の祈りです。

しかし、この祈りはおそらくこの国に住む大半の人が祈っていないのではないでしょうか。豊かな人々は、自分の力で毎日食べる物を手に入れることができると思っているので、神には祈りません。貧しい人々は、「今日食べる物がない」と思い煩っていても、真の神が食べる物を与えてくださるとは思っていないので、やはり神には祈りません。さらに、神の子どもとされている人々の多くも、この祈りを毎日真剣に祈っていないのではないでしょうか。神が創造された自然の恵みが多くの人々の労働を通して、食物や衣服等の形になって私たちのもとに届いているのです。聖書は、私たちは豊かになっても、神が私たちに富を築き上げる力を与えてくださるのだから、自分の心の中で、「私の力、私の手の力がこの富を築き上げたのだ」と言わないように気をつけなさいと教えています（申命8・17―18）。この世の中の富んでいる人々の多くは、「私は、神に頼らず、自分の知恵と力で豊かになった」と高言しています。はたしてそうでしょうか。

神の子どもたちの中にも、口では、「私は、すべての物を与えてくださる神に感謝します」と言いながら、心の中では、「私は自分の知恵と力でこの財産を築き上げた」と思っている人がいるかもしれません。人は、まず第一に、神が人知を超えた愛の知恵に満ちた宇宙、驚くほど豊かな地球環境と自然、社会の秩序、自分のいのち、霊・人格と心と体、知恵と力と才能、さらに、家族や友人、教会の兄弟姉妹等の支え合う交わりを与えてくださったことを感謝するべきです。第二に、神が親や友人や兄弟姉妹、その他の多くの人々によって、自分を精神的、肉体的、生活的、社会的に成長させてくださったことを感謝しなければなりません。第三に、神が自分に職業と仕事をする能力を与え、自分の勤め先の商品やサービスを多くの人が購入し利用してくださるので自分に給与が与えられ、必要な物を購入できるのだと自覚して、神と多くの人々に感謝すべきです。私たち、神の子どもは決して、「豊かになった私は、自分の知恵と力と富（金と物）だけで生きていける」等と高ぶったり、本当は頼りにならない富に望みを置かないで、私たちにすべての必要なものを豊かに与えてくださる神に望みを置くべきです（Ⅰテモテ６・17）。

②ほんとうに必要なものを求めましょう

私たちが、「日ごとの糧をお与えください」という祈りと、一緒に祈らなければならない祈りが箴言にあります。それは、「貧しさも富も私に与えず、ただ、私に定められた分の食物で、私を養ってください。私が満腹してあなたを否み、『主とはだれだ』と言わないように。また、私が貧しくなって盗みをし、私の神の御名を汚すことのないように」という、模範的な祈りです（箴言30・８―９）。神の栄光を現すために生きている私たちは、父である神の御名があがめられるためにこの祈りを心から祈り、自分のほしい物ではなく、ほんとうに必要な物を恵み深い神に祈り求めるべきなのです。

とはいえ、私たちが、「日ごとの糧をお与えください」と祈れば、毎日、天からパンや肉が落ちてくるわけではありません。健康な人にとって、この祈りは、「私が、神と人のために喜んで働いて、私（と家族）の日ごとの糧を得られるように、弱く愚かで、自分中心で不信仰な私を、導き、助けてください」という意味の祈りです。使徒パウロは、健康で働ける信者には、働けるのに働こうとしない者は食べないようにと戒め、神と人のために働いて、報酬を受け、自分で得たパンを食べるように命じています（Ⅱテサロニケ3・10、12）すべての働ける人が神が喜ばれる正しい仕事、多くの人が幸いな生活をおくれるようになるための仕事をするべきなのです。仕事が与えられた人は、神が、自分に与えてくださった知識や才能や技術等を活かして、神の導きと助けをいただきながら、毎日、神と人を愛する心で一所懸命に働いて、自分（と家族）の「日ごとの糧」を得ていかなければなりません。私たち人間は、自分の手で働いた実を食べる時、幸福だからです（詩篇128・2）。主の羊とされている私たちは、主に与えられた仕事をして、主から必要なものを十分に与えられた時、「主は私の羊飼い。私は乏しいことがありません」と喜んで、証しすべきです（詩篇23・1）。また、私たち主イエスの弟子は、使徒パウロのように、「私は、どんな境遇にあっても満足することを学びました。私は、……富むことにも乏しいことにも、ありとあらゆる境遇に対処する秘訣《ひけつ》を心得ています」という感謝の告白が、いつでもできる者へ成長していかなければなりません（ピリピ4・11―12）。

さらに、私たち神の子どもは、体と生活に必要な物だけでなく、心の必要を知って、恵み深い父である神に、「私の心の糧をお与えください」と祈り求めなければなりません。聖書は、私たちには、謙遜な心、きよい心、神が喜ばれることを喜ぶ心、感謝の心、平安な心、柔和な心、愛の心等が必要であると教えています。これらの心は、聖霊に満たされ神の愛のみことばを受け入れて従うことによって与えられます。父である神は、ご自分の愛する子どもである私たちに毎日、心と体と生活に必要なすべてのものを与え、私たちを神のひとり子・主イエスに似た神の子どもになれるように養い育て、教え導いてくださいます。

③「すべての人に必要なものを与えてください」と祈りましょう

「私たちの日ごとの糧」という祈りの「私たち」は、第一に、「家族」を意味しています。家族は、互いに愛し合い、助け合い、ともに喜んで生きていくために、愛の神が与えてくださった、多くの神からの恵みを分かち合う交わりです。家族の中で働くことができる人はみな、「私の家族の日ごとの糧をお与えください」と祈りつつ、家族のために働かなければなりません。また、親は、「私の子どもの日ごとの糧をお与えください」と祈りつつ、子どものために一所懸命仕事をしなければなりません。さらに、すべての働くことができる人は、年老いて定期的な収入が少なくなった自分の親に日ごとの糧が与えられるように祈り、必要な支援をしなければなりません。「あなたの父と母を敬え」という十戒の第五のみことばは（出エジプト20・12）、子どもにではなく大人に向けて語られており、すべての成人した「子ども」にとって、年老いた父親と母親を尊敬しその老後の生活を支えるのは、当然の義務であるという意味だからです。使徒パウロも、親に敬愛を示し親の恩に報いることは、神に喜ばれ、教会の信者で自分の家族を顧みない人は不信者よりも悪いと教えています（Ⅰテモテ5・4、8）。

「私たち」は、第二に、神の家族である「教会」を意味しています。使徒パウロはすべての信者に、信仰の家族の人たちに善を行うように勧めています（ガラテヤ6・10）。私たち神の子どもは、恵み深い父である神の家族として教会の兄弟姉妹に「日ごとの糧」が与えられるように祈り、貧しい人々には公的な支援が受けられるように協力し、教会の交わりの中でできるかぎり互いに助け合わなければなりません。また使徒パウロは、異邦人（ユダヤ人以外の民族）が多い教会の信者たちから、「聖徒（聖い神に仕える信者）たちを支える奉仕の恵み」として（Ⅱコリント8・4）、多額の支援金を集め、困窮していたユダヤ人教会の信者たちを助けました。私たちも教会として、同じ教派や教団だけでなく、他の教派や教団の教会、そして全世界の教会のために祈り、できるかぎり支援しなければなりません。日本の教会も、世界の教会も、互いの欠乏を補い合って支え合う神の恵みを分かち合う交わりをして、愛の神の栄光を現さなければなりません。

「私たち」は、第三に、すべての隣人「全世界の人々」を意味しています。愛の神は、旧約聖書時代の神の御国であったイスラエルに、最初から福祉制度を設けておられました。すべての定期的な収入があるイスラエル人は、収穫の十分の一（収入の十パーセント）を福祉目的税として、生活の基盤となる財産を持たない、神殿で奉仕する祭司とレビ人、在留異国人（外国人）、孤児、やもめ等のためにささげなければなりませんでした（申命14・28―29）。また、収穫の時に落ちた麦の穂や葡萄の実等は、貧しい人々のために残しておかなければなりませんでした（レビ19・9―10）。さらに、五十年ごとのヨベルと呼ばれる年に、借金をしなければならなかった貧しい人々の、すべての借金返済を免除する制度まで設けられました。神は、自然災害、人間の自己中心性と愚かさと悪意、経済・社会システムの不完全さ等のために、必ず貧しい人や社会的弱者が生まれることを予見し、すべての人が互いに助け合う福祉制度を設けておられたのです。ですから、今日でも、すべての定期的な収入がある人は法律に従って税金を納め、地方自治体や国を通して隣人と隣国と世界の人々を助けなければなりません。

さらに、すべての国の人々は、神がすべての生物と人間の幸いのために与えてくださっている豊かな自然の恵みと、人間が自然から造り出したすべての良い物が全世界のすべての人々に公平に分配されるために、それぞれの国の政治を行う人々に働きかけ、互いに隣人愛を実践できるように日々祈り、協力しなければなりません。

「受けるよりも与えるほうが幸いである」と教えられた主イエスは（使徒20・35）、貧しくなったお方でしたが、多くの人々に、幸いな霊・人格、心、体、生活のために必要なものを十分に与えられました。主（初代教会の指導者も）は、裕福な人に、貧しい人々を助けるようにも命じられました（マタイ19・21―22）。使徒パウロは信者たちに、困っている人を助けるために正しい仕事をし、労苦して働くように勧めています（エペソ4・28）。私たち神の子どもは、すべての人に対する愛を増し加えてくださるように、愛の神に祈り（Ⅰテサロニケ3・12）、すべての神の子どもたち（教会）と協力して、世界のすべての人々に隣人愛を実践しなければなりません。個人としても、世界中の隣人を愛し、さまざまなキリスト教主義の国際的な福祉団体に定期的に支援献金（寄付）をし、大規模災害時等の救援募金等に協力すべきです。あなたも、世界のすべての人々に、「日ごとの糧」が与えられるように祈り、あなたができる方法で、周囲の隣人、同じ国の隣人、そして、世界の隣人を喜んで与える愛で愛してください。

2　永遠の必要をお与えください

①神は永遠の必要をすべて必ず与えてくださいます

主イエスは、「人は、たとえ全世界を手に入れても、自分のいのちを失ったら何の益があるでしょうか」と教え（マタイ16・26）、「なくなってしまう食べ物のためではなく、いつまでもなくならない、永遠のいのちに至る食べ物のために働きなさい」と勧められました（ヨハネ6・

27)。この世界（地上）にある物は、すべて一時的なもので永遠に続くものはありません。しかし、あわれみ深い神は、喜んで、私たちに、永遠のいのちと、永遠に続くものを与えてくださいます。聖書は、「いつまでも残るのは信仰と希望と愛、これら三つです。その中で一番すぐれているのは愛です」と宣言していますが（Ⅰコリント13・13）、これは、永遠の真実な神と神のみことばを信頼して従うこと、神がみこころを必ず永遠に実現してくださると確信し期待して生きることです。そして、永遠の愛の神から与えられる愛で神と人を愛することは、永遠に続き、特に、神と人、人と人が永遠に愛し合うことが最もすばらしいことであるという意味です。

あなたはすでに、神が、御子・主イエスを信じて従う決心をした者に与えてくださる永遠のいのちを受け取りましたか。もしまだなら、ぜひ、「神様。あなたがひとり子の主イエスを与えてくださったほどに、私を愛してくださったことを感謝します。私は、私のために十字架で死んで復活した主イエスを、私を罪と死と滅びから救ってくださるお方と信じます。また、私は、今までの自分中心な生き方をやめ、今日から、あなたと主イエスに信頼して従う生き方を始めます」と祈ってください。そうすれば、真実な恵み深い神は、聖書のみことばのとおりに、あなたに永遠のいのちを与えてくださいます。しかも、神は、永遠のいのちだけではなく、天上にあるすべての霊的（人格的）祝福も与えてくださいます（エペソ1・3）。

父である神は、あなたを愛し、あなたを、すべての罪を赦された義人、聖霊によって新しく生まれた神の子ども、神の御国の民（教会の信者）、主イエスの牧場の羊、神のひとり子・主イエスとの永遠の世界の共同相続人等々にして、さらに、あなたを愛の主イエスに似た者へ造り変え、やがて、復活し昇天された主イエスと同じ、栄光の姿に完成してくださいます。ぜひあなたも、すべての霊的（人格的）祝福を受け取り、神に感謝し、喜んで、すべての祝福を、一つずつ自分のものにさせていただく歩みを続けてください。あなたがすでに、父である神から、永遠のいのちとすべての霊的祝福を受け取っておられるなら、いつまでも残る信仰（信頼と従順）、希望（確信と期待）、愛において日々成長する歩みを続けてください。

② 神のみこころ、御国、御名のための必要は必ず与えられます

「主の祈り」の前半の三つの願いは神のため――神の御名と御国とみこころ――のための祈りであることはだれもが分かると思いますが、後半の四つの求めを自分のための祈りと誤解している人が多いようです。四つの求めは前半の神のための三つの願いを実現するために私たちが必要とするものを求める祈りなのです。あなたが神の子どもなら自分と自分の大切な人が幸せになるためだけに、日ごとの糧（豊かさや富）、失敗や罪の赦し、苦しい試練からの脱出、誘惑と悪い事と悪い者からの救出を祈り求めないでください。ぜひあなたが、神のみこころを実

行し、神の御国（教会）を建て上げ、神の御名の栄光を現すために必要なすべてのものを祈り求めてください。また、神のみこころに信頼して従い、神の御国の建設のために奉仕し、神の御名の栄光のために生きることこそ、信仰と希望と愛に生きる永遠に続く生き方であることを理解し確信してください。私たちが、神のみこころを行うために必要なものは、みこころを知るためのみことば、みこころの確信と聖霊による導き、神と人への愛、みこころを実行するための知恵と力、協力者と援助者、必要な費用と物等です。第六章で学んだように、神は必ず、私たちがみこころを行うことができるようにしてくださいます。私たちは毎日、「私が、あなたのみこころを行うために必要なものを与えてください」と祈り、聖霊に満たされて神のみこころを実行する歩みを続けましょう。

神の御国（教会）を建て上げていくために必要なものは、聖書的な教会理解、教会員と教会奉仕者（牧師夫妻や役員等）、教会の四大使命（礼拝、福音伝道、聖書教育、交わり）を果たすために必要な才能と賜物を与えられている奉仕者と協力者、必要な費用と物等です。使徒パウロは、「神の恵みによって、私は今の私になりました。そして、私に対するこの神の恵みは無駄にはならず、私はほかのすべての使徒たちよりも多く働きました。働いたのは私ではなく、私とともにあった神の恵みなのです」と告白しています（Iコリント15・10）。教会の主イエスは必ず、私たちが教会を建て上げることができるようにしてくださいます。毎週、教会で兄弟姉妹とともに、「私たちが教会を建て上げるために必要なものを与えてください」と祈り、聖霊に満たされて、教会を建て上げ続けましょう。

神の御名の栄光を現すために必要なものは、みことばとみわざと聖霊によって神がご自分の栄光を現してくださるように祈ること、「すべてはただ神の栄光のために」という目的意識と神への献身、栄光の神の御名を知り賛美し証しすること等です。三位一体の神は必ず、私たちが神の栄光を現すことができるようにしてくださいます。毎日、一人ひとり、毎週、教会で、みなで、「私たちがあなたの栄光を現すために必要なものを与えてください」と祈り、父である神の栄光を聖霊によって現された御子・主イエスを見倣い、神の栄光のために生き、また死んだ使徒たちのように、神の栄光を現す者として成長する歩みを続けましょう。

「私たちの日ごとの糧を今日もお与えください」の原典のギリシア語は、「絶対に与えてください！」と訳すことができます。私たちは、家族、教会、隣人、世界の人々のために、霊、心、体、生活と人生に必要なすべてのもの、また永遠のいのちと霊的祝福を、「絶対にお与えください」と祈り続け、愛のわざに励みましょう。

私は、四十年ほど前、東海地域（愛知、岐阜、三重、静岡西部）の教会が協力して、神の愛の救いの福音を宣べ伝え、神から信託された使命を果たし、神の御国（教会）を建て上げて神の御名がほめたたえられるために、名古屋市の金山地区に、「クリスチャンセンター」を与えてくださるように祈り始めました。その後、同じ願いをもった多くの主の弟子たちと二十年間祈り続け、ついに教会とキリスト教書店と神学校が入るビルを与えていただきました。父である神は、私たちが神のみこころを実行し、神の国（教会）を建て上げて、神の御名の栄光を現すために必要なすべてのものを必ず与えてくださいます。あなたは、自分が、みこころを行い、御国（教会）を建て上げるために奉仕し、神の栄光を現すために必要なすべてのものを、恵み深い神が必ず与えてくださると信じていますか。それとも、自分のように弱く愚かで罪深い者は、みこころが行えず、教会奉仕ができず、神の栄光を現すことはできないとあきらめていませんか。パウロは、「私たちすべてのために、ご自分の御子さえも惜しむことなく死に渡された神が、どうして、御子とともにすべてのものを、私たちに恵んでくださらないことがあるでしょうか（必ず、与えてくださいます）」と告白しています（ローマ８・32）。

あなたのために、愛するひとり子をさえ与えられた愛の神は、あなたが、神のみこころを行い、神の御国（教会）を建て上げ、神の御名の栄光を現すために、必要なすべてのものを必ず与えてくださいます。あなたも私も、愛の聖霊に満たしていただいてみこころを行い、御国（教会）を建て上げ、御名の栄光を現す者にしていただきましょう。

第八章　お赦しください、許しました

　父である神が御子・主イエスの成し遂げられたみわざのゆえに、聖霊によって与えてくださる救いは霊的・人格的救いで、私たちをまったく新しい人に再創造するものです。主イエスが「人は、新しく生まれなければ、神の国を見ることはできません」と明確に教えられ（ヨハネ3・3）、使徒パウロが「だれでもキリストのうちにあるなら、その人は新しく造られた者です。古いものは過ぎ去って、見よ、すべてが新しくなりました」と、高らかに宣言しているとおりです（Ⅱコリント5・17）。救われる前の人は、神を畏れ敬わない不敬虔な者、神のみこころが行えない弱い者、神のみことばに逆らう罪深い者、神を否定し憎む神の敵、生まれつきのままの自分中心な者、神に逆らう人間が造り上げた社会（世）の一員、純粋な愛で神と人を愛さない者等と、聖書は教えています。しかし、そんな、神の怒りとさばきを受けて当然の私たちを、愛の神は救い、新しく生まれ変わらせて、神を礼拝し仕える人、神のみこころを喜んで行う人、神とみことばに信頼して従う義《ただ》しい人、神の友、神の栄光のために生きる人、神の御国の民、神と人を愛する人、神の御子・主イエスと同じ姿に変えられる神の子ども等、以前とはまったくの別人にしてくださったのです。

救われた私たちは、経験するすべての出来事と出会うすべての人々によって、少しずつ御子・主イエスに似た神の子どもへ変えられ成長していきます。救われて神の子どもとなっても、生まれつきの自分中心な罪の性質（原罪）がまだ残っている私たちに求められているのは、救われる前の古い生き方（考え、思い、願い、ことば、行い、生活等）を捨てて、御子・主イエスに見倣う新しい生き方を少しずつ身に着けていくことです。

神に愛されている神の子どもとしての私たちの人生は、ゆっくり、しかし、必ず、霊的・人格的に主イエスに似た者へ成長し、信仰生活、家庭生活、教会生活、社会生活においても主イエスのような生き方へ変えられていくのです。

1　負い目をお赦しください

①「私をお許しください」と祈らなくてもよい幸い

主イエスは、一日が終わったら、「私の負い目（罪）をお赦しください」と祈るように教えてくださいました。それは、私たちが毎日少なくても一度は、「天のお父さん、ごめんなさい」と言わなければならないことを、考えたり、思ったり、願ったり、言ったり、行ったりしてしまうからです。しかし、何よりもまず私たちは、「私をお許しください」と祈る必要がないことを感謝しましょう。私たちは、すでに神に許されて義と認められ、決してさばかれることも罰せられることもない、永遠に神に愛される神の子どもだからです。

私たちは、子どもが成長するにしたがって、いろいろなことを理解し、行うことができるようになるのと同じように、神の子どもとして、みことばの理解とみこころにかなう行いにおいて少しずつ成長していけばよいのです。天のお父さんは、神の子どもになったばかりの乳飲み子のあなたが、かたことの祈りをしたり、毎日、少しの神のみことばを聞いたり（読んだり）したら、とても喜ばれます。あなたが、少年少女の神の子どもに成長し、礼拝で神を賛美し、教会で奉仕し、家族や友人に親切にするなど、幾つかのみことばを実行できるようになるなら、父である神は大いに喜ばれるでしょう。そして、あなたが、神を愛し、隣人を愛し、神の救いの福音を伝え、みことばに信頼して従う生活をする、罪と世と悪魔と戦うことができる成人した神の子どもになるように、あわれみ深く忍耐強い愛で守り導き、教え育ててくださいます。恵み深いあなたのお父さんは、螺旋《らせん》階段をゆっくり一段一段上るように成長していくあなたが、神の子どもとして、どの成長段階にいても、いつも喜んで見守っていてくださいます。

②罪とさばきと刑罰からの救い

私たちは「私をお許しください」と祈る必要はありませんが、「私の負い目（罪）をお赦しください」と毎日祈らなければなりません。ここで、私たちにはどんな罪があるか、聖書が教えている罪について、私が考えている分類にしたがって少し詳しく説明しましょう。

第一のジャンル（種類）の罪は、原罪（生来の自分中心な罪の性質と力）で、復活し昇天された主イエスと同じ栄光の姿に完成されるまで、神の子どもとされている私たちの中から取り除かれることがありません。原罪によって、私たちは自分中心な考えと思いと願いをもち、自分の体が、神の子どもである自分がしたいと思っている神と人を愛することではなく、してはいけないと考えている自分中心な悪いことをしてしまうことになります。ですから、私たちは自分の体を神にささげて、神のみこころを行うこと以外には用いない道具（器）として聖別（神のものにする）し、聖霊に満たされ、神と人を愛する心で主イエスに見倣って、手、足、体を使って神のみことばを実行する生き方を少しずつ身に着けていく必要があります。

第二のジャンルの罪は、私たちが実際に犯す次のような多種多様な罪です。人間的な弱さのためにする間違いや失敗＝「過ち」、神の栄光を現すためでなく自分中心な目的のためにする行い＝「罪」、神の律法（ルール等）から逸脱する行い＝「違反」、神（と良心）にとがめられる行い＝「咎《とが》」、神と人との交わりができない状態＝「汚れ」、神を畏れ敬わない心と態度＝「不敬虔」、神のみこころに従わない生活＝「不従順」、神や人等に対する正しくない態度や関係＝「不義」、神の正しさに届かず神の律法や法律に反する行いや生き方＝「不正や不法」、神からの豊かな恵みに十分応えない不十分さ・神の恵みをむだにしている怠惰＝「負い目」、意識的に神のみこころに逆らう生き方＝「反逆」、社会的な悪や悪魔的な罪＝「悪や邪悪」、行うべき正しいことを行わない罪＝「善を行わない罪」等々の多くの罪を、私たちは毎日、心（考え、思い、願い）と口（ことば）と体（行いと生活）で犯しているのです。

第三のジャンルの罪は、神の十の戒めに反する罪です。第一戒＝「あなたには、わたし以外に、ほかの神があってはならない」に反する罪は、唯一の真の愛の神以外のものを神（第一に愛して信頼するもの）にする罪。第二戒＝「自分のために偶像を造ってはならない」に反する罪は、真の神以外のものを拝んだり仕える罪。第三戒＝「あなたの神、主の名をみだりに口にしてはならない」に反する罪は、神の御名を賛美しない罪と汚す罪。第四戒＝「安息日を覚えて、これを聖なるものとせよ。六日間働いて、あなたのすべての仕事をせよ」に反する罪は、毎週、安息日（今は日曜日）に神を礼拝しない罪と、神と人のために働かない罪。第五戒＝「あなたの父と母を敬え」に反する罪は、両親を尊敬しない罪と扶養しない罪。第六戒＝「殺してはならない」に反する罪は、人を傷つける罪や殺す罪。第七戒＝「姦淫《かんいん》してはならない」に反する罪は、姦淫、不品行等の罪。第八戒＝「盗んではならない」に反する罪は、すべての不法な所有

（盗み、不正な利得）の罪。第九戒＝「隣人について、偽りの証言をしてはならない」に反する罪は、悪口や中傷、偽証等の罪。第十戒＝「隣人の家を欲してはならない」に反する罪は、隣人の大切なものを自分のものにしようと願い、その結果、隣人が不幸になってもかまわないと思う、隣人を愛さない罪です。

第四のジャンルの罪は、最も重い「霊的・人格的」な罪で、すべての人が礼拝して仕えるべき「真の神を礼拝せず仕えない罪」、すべての恵みを永遠に与えてくださる「神に感謝しない罪」、絶対に信頼できる「神を信頼し（信じ）ない罪」、永遠で完全な愛で愛してくださる「愛の神を愛さない罪」等々です。特に、神と隣人を愛さない罪は、「全身全霊で神を愛し、自分自身のように隣人を愛しなさい」という、最も大切な戒めに反する罪ですから、最大の罪です。

私は、自分の中に原罪があること、愛の神を知る前これら数多くの罪を、心の中と生活の中で知らずに、または故意に犯していたことを認めます。しかし、愛に満ちておられる父である神は、私たち罪人を愛し、私たちのすべての罪を罪のない主イエスに負わせ、私たちの代わりに主をさばいて有罪とし、私たちのすべての罪に対する刑罰の死を与えられました（イザヤ53・6、ローマ4・25等）。また、主イエスご自身も、私たちを愛し、十字架の上で私たちのすべての罪を負い、喜んで私たちの身代わりに死んでくださいましたので（イザヤ53・12、Ⅰペテロ2・24等）、私たちのすべての罪は赦されたのです。このように私たちのすべての罪をぬぐい去ってくださったあわれみ深い神は、私たちの罪を二度と思い出されません（イザヤ43・25、エレミヤ31・34等）。ですから、今はだれでも、主イエスを自分の救い主と信じ、主として従う決心をする人はすべての罪を赦され、決して罪のさばきも刑罰も受けることがありません（ヨハネ3・18等）。

さらに、恵み深い父である神は、すべての罪を取り除いて、私たちを罪のない者にしてくださるだけでなく、神のすべてのみこころとみことばを完全に実行された主イエスの義（完全な正しさ）をも私たちに与えてくださったのです。これは、私たちと同じ人間であった主イエスが私たちの代表として（代わりに）、神のみことばをすべて実行してくださったので、私たちがみことばをすべて実行したと見なされる（義と認められる）という恵みです。完全な義である神が、主イエスを死者の中から復活させ、昇天させたことは、神が主イエスを神のみこころにかなう完全に正しい、永遠に生きてもよい義人と認められたということです。ですから今、主イエスを信じる人は、主イエスの完成された義を与えられて義と認められ、主イエスのように死んでも復活して、完全な義人に完成され、神の御国で永遠に生きることができるのです。

私は、十八歳のイースター（復活祭）に主イエスが私の罪のために十字架で死んでくださり、私が義と認められるために復活されたことを信じて、三位一体の神の御名によって洗礼を受けました。ぜひ、あなたも主の十字架と復活による永遠のいのちの救いを感謝して受け取り、主イエスを信頼して従う決心と告白をして、教会で洗礼を受けてください。もし、すでに十字架と復活の救いを信じているなら、自分が永遠に救われていることを確信して感謝し、愛の神の救いの福音を家族や友人等に伝えてください。

③ お父さんと主イエスを愛さない罪と従わない罪

聖霊によって新しく生まれ、神の子どもとなった私たちが犯す罪は、神の律法＝法律に違反する罪ではなく、刑罰を受けなければならない罪でもありません。私たちは今、神の律法の下にではなく神の恵みの下にいるからです（ローマ6・14）。神の子どもで主イエスの弟子である私たちが犯す罪は、「天のお父さんと主を愛さない罪と従わない罪」です。しかし、たとえ私たちが、天のお父さんのみことばに逆らったとしても、神の子どもでなくなるわけではありませんし、主に従わないからといって主の弟子でなくなるわけではありません。主イエスは、私たちが主に対する罪を犯しても「わたしは決してあなたを見放さず、あなたを見捨てない」と約束しておられますし（ヘブル13・5）――事実、主はご自分を裏切った弟子たちを見捨てないで、愛し育てられました――、神の霊である聖霊が心の内に永遠に住んでいてくださる私たち神の子どもと父である神との親子関係は永遠です。人間の社会でも子どもが親に逆らったからといって警察に逮捕されることはありませんし、子どもが謝れば親は赦してくれるのです。

主イエスが、「お赦しください」と祈るように教えられたのは、マタイの福音書では「負い目」です。「負い目」は、神からの豊かな恵みに十分応えない不十分さ、また、神の恵みをむだにしている怠惰です。私たちは、毎日夕方になると、「お父さん。申し訳ありません。今日も、ほんの少ししかあなたの愛にお応えすることしかできませんでした。明日は、もっとあなたと家族と隣人を愛します」とか、「あなたが与えてくださった恵みを十分に活かして、あなたと人のために働くことができませんでした。明日は、あなたの恵みをむだにしません」等と告白し、「申し訳ありません。どうぞ、私の負い目をお赦しください」と祈るのです。

私たちが毎日犯す負い目の罪は、負債・借金の罪で、主イエスは、私たちを王である神に一万タラントの借金があるしもべに譬《たと》えておられます。一万タラントは、現在の六千億円に相当し、常識的には返済することができない額です（マタイ18・23―27）。私たちには、六千年間働いて得る給料を全額返済に充てても返すことができない、想像できないほど多くの負い目が父である神に対してあるのです。しかし、あわれみ深い父である神は、すべての借金の返済を免除してくださったのです。私がドイツ留学中に感銘した至言の一つは、「私たちには神に対する永遠の愛の負債（負い目）がある」です。父である神に、人知をはるかに超えた完全で永遠の愛で愛されている神の子どもとしての私たちの人生とは、父である神へ愛の負債をお返しする人生です。私たちは、すべての霊的祝福と御子と聖霊、与えることができるすべてを与え尽くして愛してくださる父である神を全身全霊を尽くして愛し、神が愛しておられる人を自分と同じように愛する神の子どもとして日々成長していきましょう。

ルカの福音書で主イエスが祈るように教えておられるのは、「罪」の赦しです。「罪」は、神の栄光を現すためでなく、自分中心な目的のためにする行いです。自分の「罪」を認めず、あえて故意に自分のために自分の考えで毎日生きていくなら、私たちは、父である神と主イエスとの喜びに満ちた交わりをもてなくなり、後ろめたさを感じる暗い心で生活することになります。そのような「汚れた」状態の時には、祈りが聞かれなくなったと思ったり、神が遠くへ行ってしまわれたと感じるようになったりすることもあります。聖い聖霊が心の中に住んでおられる私たちは、平気で罪を犯し続けることはできません。できるかぎり早く、自分の罪を認めて神に告白しましょう。「神は真実で正しい方ですから、その罪を赦し、私たちをすべての不義からきよめてくださいます」（Ⅰヨハネ1・9）。そして、神と主との喜びに満ちた交わりが回復し、神がともにいて、祈りを聞いてくださることを感謝できるようになります。

神と主を愛さず従わない罪は、告白して、「お赦しください」と祈れば、神も主も必ず赦してくださいますが、もしも、その罪がだれかに人格的、精神的、肉体的、生活的、社会的被害を与えているなら、できるかぎり早く、被害者に謝罪し、償い、和解しなければなりません。私たちが国の法律に違反するような罪を犯した場合には、父である神に赦していただいて、警察に出頭し、公の裁判を受け、科せられた刑に服し、十分な償いをしなければなりません。

「お赦しください」の原語には、「行かせる」、「赦す」、「見逃す」等の意味があります。この祈りは、神の子どもである私たちが慈しみ深い神に、「お父さん。今日も、あなたの子どもとして行ってはいけないことをしてしまいましたが、怒らないでください。私をあなたの子どもらしく歩めるように、これからも私を導き、成長させてください」というような、寛容で真実な父である神を信頼している神の子どもの祈りなのです。愛に満ちておられる神は、「あなたはわたしの愛する子どもです。わたしはもちろん、あなたの今日の負い目も罪も赦します。あなたは明日も十分に私を愛し、わたしのことばを実行できないかもしれないけれども、わたしはあなたを私の救いの計画のとおりに聖霊によってわたしの愛するひとり子・イエスに似た者へ必ず成長させます」と励まし、私たちを一生かけて、少しずつ確実に主に似た者へ成長させ、やがて、栄光の主と完全に同じ姿に完成してくださいます。

主イエスが私たちに毎日、「負い目と罪をお赦しください」と祈るように教えられたのは、私たちが毎日そう祈らなければならない、十分成長していない神の子どもだからです。そして日々、まだ自分の中にある古い自分中心な考え方や生き方を認め告白して捨て、主イエスに見倣う新しい考え方と生き方を少しずつ身に着けて成長していくためなのです。ぜひあなたも毎日、神と主イエスとの関係、家族との関係、教会の兄弟姉妹との関係、隣人との関係、家庭での責任、教会の奉仕、社会での仕事等について、「お赦しください」と祈りながら、これらすべての関係を互いに愛し合う関係にし、自分のすべての責任を果たすために日々、少しずつ成長する歩みを続けてください。

④私たちの負い目（罪）をお赦しください

主イエスは、「私」ではなく、「私たちの負い目と罪」の赦しを祈るように教えられました。「私たち」は、第一に、「家族＝親、夫、妻、子、孫、兄弟姉妹等」です。私たちは毎日、家庭で「主の祈り」を祈ることで、家族全員の負い目と罪の赦しを祈ることになります。特に、親は、子どもが罪を犯した時、神に赦しを祈らなければなりません。「私たち」は、第二に、「友人や地域の人やすべての隣人」です。私たちは、親しい人たちと地域の人々、さらに、世界のすべての人々の罪と死と滅びからの救いと罪の赦しを祈りましょう。第三の「私たち」は、「教会の兄弟姉妹」です。私たちは、教会で「主の祈り」をともに祈る時、主イエスが身代わりに死なれたほど愛しておられる兄弟姉妹の負い目と罪の赦しを互いに祈り合うのです。私は、牧師として奉仕した四十年の間、集中祈禱日を決めて、毎週、教会に集うすべての人とその家族の救いと成長のために、とりなしの祈りをささげ、しばしば、罪を犯した信者たちとその家族のために神の赦しとあわれみを祈ってきました。第四の「私たち」は、「所属教団（教会のグループ）と日本と世界の教会」です。私たちは、私たちが所属する教団と日本と世界の教会が、罪を犯さないように、また、犯してしまった罪——宗教戦争等の罪を犯した中世の教会だけでなく、今の教会にも多くの罪があります——が赦されるように、「主の祈り」を、世界中の教会で祈り続ける必要があります。また最後に、私たちは、主イエスが教え、模範を示されたように、私たちを迫害する人たちや神と主イエスに敵対している人々のために、愛の神のキリストによる救いと罪の赦しを祈らなければなりません。

2　負い目のある人を許しました

①人を許しましょう

ここでは罪人を愛してくださる神と主の愛を学びましょう。全身全霊で神を愛し、自分のように隣人を愛することが最も大切であると教えた主イエスは、「主の祈り」の第五の祈りを、私たちと神と人との関係が互いに愛し合う、最も幸いな関係になることを願い求める祈りとして与えられました。ですから、毎日私たちは、父である神に「私を愛してくださる天のお父さん。私をお許しください。私をあなたを愛する者として成長させてください」と祈るとともに、「私も隣人を許しました。私は隣人を自分のように愛する者として成長していきます」と告白するのです。主イエスは、「あなたが私たち罪人を許してくださったように、私たちも私たちに負い目のある人たちを許しました」と告白できるようになりなさいと教えておられるのです（マタイ6・12参照）。この告白を、「私は、私に罪を犯す人たちの罪を赦しました」と誤解している人がいるようですが、私たちを許してくださった父である神は、「私たちに負い目のある人たち」を許すことを求めておられるだけで、人の「罪」を赦すことは求めてはおられません。人の罪を赦すことができ、忘れてくださるのは父である神と神から罪を赦す権威を与えられた主イエスだけです。私たち人間には人の罪を赦す権威が与えられていませんので、私たちが人の罪を赦すことは、自分が神か主になることです。

私たちは、父である神が、不敬虔で、弱く、罪深い、神の敵であった私たちを愛して許してくださったので、私たちと同じように、罪人である隣人を愛して許し、私たちを迫害する人も敵も愛することができる、主イエスのような神の子どもへ少しずつ成長していくのです。

主イエスが「敵を愛しなさい」と命じた後で、「あなたがたの（悪い人にも良い人にも豊かな恵みを与えてくださる、あなたがたの）天の父が（愛において）完全であるように、（天の父の子どもとして、愛において）完全でありなさい」と語られたみことばは（マタイ5・48）、原典のギリシア語では、命令形ではなく未来形です。つまり、主イエスは、私たちがやがて、だれでも愛することができる神の子どもになると約束してくださったのです。「全身全霊であなたの神である主を愛せよ。あなたの隣人をあなた自身のように愛せよ」という最も大切な愛の戒めも未来形で、私たちが必ず主イエスのように神と人を愛する神の子どもへ成長するという神の恵みの約束のみことばなのです。私たちは毎日、「私たちの負い目（罪）をお赦しください」と祈りながら、神を愛し、神のみこころに従う者として少しずつ成長し、毎夕、「私たちに負い目のある人たちを許しました」と告白しつつ隣人を愛する者として日々成長していくのです。

「主の祈り」を祈る私たちが許すのは、許すのが難しい悪人でも、決して許せそうもない敵でもなく、「私たちに負い目のある人たち」です。私たち人間に対する負い目とは、私たちがだれかに対してしたこと（好意と親切あるいは愛と犠牲）に、相手が、それら（好意や愛）に見合わない、つり合わないことをすること、または、私たちとその人との関係（例＝夫と妻、親と子、友人、兄弟姉妹等）なら、してくれて当然のことをしてくれないこと等です。主イエスは、王に一万タラント（六千億円）の借金を免除してもらったしもべが、自分に百デナリ（百万円）の借金があったしもべ仲間を牢に投げ入れたため、王が怒って彼を獄吏に引き渡したという譬《たと》え話をされました。主イエスはこの譬え話で、天の父である神がとてもお返しできない愛の負債＝負い目がある私たちを許してくださったのだから、私たちは、自分に対してほんの少しの愛の負債＝負い目しかない人たちを、当然、許さなければならないことを教えておられます。

私たち自身には、自分に負い目のある人たちに対する負い目はないでしょうか。私たちは、自分に何かをしてくれた人に、それに見合う・つり合うことをしているでしょうか。また、私たちは、その人との関係（例＝夫、妻、親、子、友人、兄弟姉妹等）なら当然しなければならないことをいつも十分にしているでしょうか。私は、家族、兄弟姉妹、すべての隣人に対して負い目があることを認め、多くの人々が負い目のある私を許していてくださることを心から感謝しています。あなたは、父である神とあなたの周囲の人々が、神と人に対して多くの負い目があるあなたを許してくださっていることを知っていますか。ぜひあなたも、あなたに負い目のある人たちを許してください。もしあなたが愛の神の子どもなら、神の許しを知っている兄弟姉妹と、神が許してくださったように互いに許し合い、愛し合ってください（エペソ４・32等）。

主イエスがここで使っておられる「許す」の原語には、「赦す」のほかに、「行かせる」という意味があります。ですから、私たちは、私たちに負い目のある人を怒ってさばいたり、交わりを絶ったりしないで、父である神と主イエスが、罪深い自分を愛してくださったように、その人を愛して、「私は、今までと同じようにあなたとともに歩み、あなたとの交わりを続けていきます。私は、あなたが家庭と教会と社会で喜んで生きていかれるように、恵み深い神の祝福を心からお祈りします」等と、その人を認め、励ましましょう。

ところで、私は、「人たちを許しました」という告白の場合、人の罪を赦す時に使う「赦」という字よりも、人が生きることと人が何かをすることを認める時に使う「許」の字のほうがふさわしいと考えて、この本ではこの字を用いています。私たちは、だれとでも、互いに理解し合い、認め合い、互いに許し合って、ともに生きていく歩みにおいて成長しましょう。

② 許し合うことが育て合うための土台です

マタイの福音書の「主の祈り」では、具体的に「あの人とこの人を許しました」と祈り、ルカの福音書の「主の祈り」では、習慣的に「いつも、すべての人を許しています」と祈ります。主イエスは私たちに、夕方か一日の終わりまでに、自分に負い目のあるすべての人を許すように勧めておられるのです。

もしだれかが自分に対して、「負い目」でなく、自分勝手なことを言ったり、したりして、私たちを傷つけたりする罪を犯した場合、私たちはどうしたらよいでしょうか。もちろん、神が罪人の私たちを許してくださったように、私たちは、自分に罪を犯す人を許し、その人とともに歩み、交わりを続けていくべきです。主イエスは、自分に罪を犯す兄弟姉妹たちをいつもすべて許すように教えておられます。使徒ペテロが、教会の兄弟姉妹が自分に対して罪を犯した場合、何度まで赦す（許す）べきかと質問した時、主イエスは七の七十倍赦す（許す）ように勧められました（マタイ18・21―22）。主イエスは、主の弟子である私たちがいつも互いに許し合って、ともに生きていくことが当たり前になるように願っておられるのです。私たちは教会の交わりの中で、何度でも「すみませんでした」、「私こそごめんなさい」等と許し合い、どんなことがあっても、兄弟姉妹としてともに生きていきましょう。また、兄弟姉妹とだけでなく、家族や友人等とも、何回でも「ごめんなさい」、「気にしてませんよ」、「ありがとう」等と許し合って、ともに生きていきましょう。私たちには、家族や兄弟姉妹、地域や学校や職場の人たち等とともに生きていくために、これらの人々を許すことがどうしても必要なのです。もし、私たちがだれかを「どうしても許せない」と思うようになったら、その人とともに生きていくことがとても難しくなってしまうからです。すべての人を認めて許すことが、すべての人間関係の土台なのです。「私たちはすべての人を許しました」という告白は、私たちがすべての人とともに生きていく歩みのスタートなのです。

父である神が私たちを愛して豊かな恵みを与え、弱さや足りなさや罪があってもいつも許して、私たちを少しずつ主イエスに似た者へ育ててくださるように、私たちもすべての人を愛して助け、いつも許して、一人ひとりを神と人を愛する人へ育てていく――兄弟姉妹とは互いに愛し合い、許し合い、主イエスに似た者へ育て合っていく――のです。「主の祈り」についていえば、「私は、あの人もこの人も許しました」と告白し、その人たちのために、「あの人にもこの人にも、日ごとの糧をお与えください。あの人とこの人の負い目（罪）をお赦しください。あの人やこの人を試みの中に見放さず、悪い者からお救いください」と祈るのです。そして、愛し合い、許し合うすべての人たちとともに、「私たちの父よ。私たちは、あなたの御名があがめられるために生き、あなたの御国＝教会を建て上げ、あなたのみこころを喜んで行います。どうか、そのために必要なすべてのものを私たちに与えてください。私たちの弱さ、足りなさ、罪を赦してください。私たちに試みによる成長と悪い者に対する勝利を与えてください」と祈り、祈ったことを実行できるように、互いに助け合い、育て合うのです。

③ 神と主のように、互いに育て合いましょう

私たちがどのように愛し合い、育て合うことができるかについて、私が聖霊によって実行している、神のみことばを紹介しましょう。

まず最初に、神の愛が、許して忍耐する愛と与えて育てる愛であり、私たちも必ずこの神の愛を身に着けさせていただけることを確信してください。神である主はあわれみ深く、情け深く、怒るのに遅く、恵み豊かで、いつまでも争ってはおられない、私たちの罪や咎《とが》にしたがって私たちを扱われず、父が子どもをあわれむように私たちをあわれんでくださいます（詩篇103・8―13等）。この神の愛の大半は、あわれみ、怒らず、罰しない、つまり私たちを許し、受け入れ、忍耐してくださる愛です。そして、神はいつも許してくださっている私たちに豊かな恵みを与え、ご自分の子どもとして愛して育ててくださるのです。使徒パウロは、神と主イ

エスの愛（ギリシア語では一方的な愛を意味する「アガペー」という語）は、寛容で、親切で、自慢せず、高慢にならず、礼儀に反することをせず、自分の利益を求めず、苛立《いらだ》たず、人がした悪を心に留めず（原語は「数えず」）、不正を喜ばずに真理をともに喜び、すべてを耐え、信じ、望み、忍ぶ愛で、この愛は決して絶えることがないと教えています（Ⅰコリント13・4―8）。この愛は、人を評価し、常に許し、忍耐する愛を基礎として、許してともに歩み続ける人に、親切にし、神の真理を分かち合って喜び、その人を神が成長させてくださると信じ、期待し、育てていく愛です。実際に人を愛して育てるために、私たちは、「わたしの目には、あなたは高価で尊い。わたしはあなたを愛している」と言われる神のように（イザヤ43・4）、ともに生きている人に、「私にとって、あなたは大切な人です。私は、神が愛しておられるあなたを愛しています」等と、その人を認めて評価し、自分が神の愛でその人を愛していることを伝えましょう。

また、私たちは、主イエスの、「さばいてはいけません。……まず自分の目から梁《はり》を取り除きなさい。そうすれば、はっきり見えるようになって、兄弟の目からちりを取り除くことができます。……求めなさい。……探しなさい。……たたきなさい。……人からしてもらいたいことは何でも、あなたがたも同じように人にしなさい」という勧めに従いましょう（マタイ7・1―12）。

第一に、ぜったいに相手を自分の思い込みで決めつけない、さばかないようにしましょう。

「どうしてそんなひどいことをする（言う）のですか！」、「あなたは冷たい人だ！」、「あなたには愛がない！」等と言ってはいけません。第二に、自分にも過ちや罪があることを覚えて、謙遜に相手と対話しましょう。自分からは、「私もあなたに、よくないことをした（言った）ことがあるかもしれません。許してください」、「実は、私は先日、あなたが私に言ったこと（したこと）で、悲しくなりました（傷つきました。腹が立ちました）」等と、柔和な心で、相手を非難しないで、自分の気持ちを相手に伝えましょう。次に、相手に弁明（言い訳）するチャンスを与えましょう。相手を助けて育てようとする時は、相手が神と人を愛する者として成長していくために必要なものを、恵み深い神に、求め、探し、たたいて、与えていただきましょう。そして、自分にしてもらいたいことをその人にもするように努力しましょう。

さらに、私たち神の子どもは、使徒たちの、「知恵を尽くして互いに教え、忠告し合い」（コロサイ3・16）、また、「あなたがたは癒やされるために、互いに罪を言い表し、互いのために祈りなさい」等の勧めを心に留めましょう（ヤコブ5・16）。そしてこれは、私たちの信仰と希望と愛が成長していかないと、かなり難しいのですが、互いに注意し合い、教え戒め合う交わりに導かれることです。それぞれが自分の罪を認めて、神に赦しを祈るように導き、互いに相手に対する罪を告白し合って、許し合う交わり、さらに、互いに主イエスのような愛の人に育て合う、神と主イエスの愛による交わりを続けていきましょう。

④愛の神の栄光を現しましょう

だれかが自分に対して、「負い目」でも「罪」でもなく、神の律法や国の法律に違反する悪（犯罪行為）を行った場合、私たちは、自分個人に対して罪を犯す人は許し、その人が神の前で罪を認めて悔い改めるように導く、育てる愛を実行しなければなりません。そして、自分でその人の悪い行いに対する罰（報い）を決めて、復讐《ふくしゅう》（仕返し）をせず、法律に基づいて、その人の悪い行いにふさわしい償いをさせ、二度と悪いことをしないように導かれる、神の復讐の御手にその人を委ねなければなりません。

私たちは、その悪を行った人をあわれみ深い神の前で、主イエスが十字架と復活によって実現された、罪の赦しと永遠の救いを受け入れるように導くだけでなく、その人が警察に自首し、裁判を受け、判決に従って償いをし、あるいは、刑に服するように導かなければなりません。そうしなければ、その人は、被害者と和解することも自分の悪い行いの償いをすることもできず、さらに、犯罪を繰り返して多くの人々が被害を受けることになるかもしれないからです。そして、私たちは、償いをし刑に服した人々を、神と主イエスの愛で愛し、支援する人たちと協力して――受刑者の支援活動をしている教会の信者たちもいます――、その人が二度と悪いことをしないで、神と人を愛する生活をしていくために、必要としている物と助けを与えることによって、善によって悪に打ち勝ち、愛の神の栄光を現すのです（ローマ12・17―13・4）。

「私たちの負い目（罪）をお赦しください」の原典のギリシア語は、「絶対に赦してくださ い！」と訳すことができます。恵み深い父である神は、私たち神の子どもの負い目と罪を、毎日、必ず赦してくださいます。使徒パウロが「このキリストにあって、私たちは……罪の赦しを（今も）受けています（ギリシア語では現在形）」と告白しているとおりです（エペソ1・7）。また、愛に満ちておられる神は、必ず、私たちを、家族、友人、兄弟姉妹、地域や学校や職場等の隣人、私たちに対して罪を犯す人や悪いことをする人も、許して忍耐する愛と与えて育てる愛で愛することができる人に成長させてくださいます。

こうして私たちは、必ずみこころを喜んで行う者として成長し、必ず地上の御国である教会を互いに神の愛で愛し合う神の民の集まりとして建て上げていくことができます。そして、必ず愛に満ちておられる神の御名がほめたたえられるようになり、「主の祈り」のすべての祈りが実現されるのです。

第九章　成長し、勝利させてください

全国各地の教会で説教や講演の奉仕をした後、「主の祈り」について、何度も同じような質問を受けます。それは、「『主の祈り』は必ず聞かれると教えられて、毎日祈っていますが、どうして、『試みにあわせないでください』という祈りは聞かれないのでしょうか。私は何度も試みにあっています」という質問です。こう聞かれた時に私は「この祈りは、ギリシア語の原典を直訳すると、『試みの中に見放さないでください』、または、『試みの時に一人にしないでください』という祈りで、もっと積極的に訳すとすれば、『試みを通して成長させてくださ い』という意味です。ですからこの祈りも必ず聞かれる祈りです」と答えています。

父である神は、ご自分の子どもたちを決して試みの中に見放したり、一人にしたりなさいません。また、この祈りは、私たちが弱く愚かで罪を犯しやすいことをよく知っておられる主イエスが、祈るように命じられた祈りです。あらゆる試みを経験しておられる主イエスは、試みの時に私たちを一人にされることはなく、私たちとともにいて、私たちを助け、あらゆる試みを通して、私たちを成長させてくださるのです（ヘブル2・18）。また、私たちの弱さを知っている主イエスが、私たちのために父である神に、私たちに必要なものを与えてくださるように祈っていてくださるので、私たちはどんな時も、その時必要な導きと助けを、神から恵みとして受けることができるのです（同4・15―16）。

1　試練を通して成長させてください

「試み」のギリシア語は、新約聖書では、他の箇所で「試練」とも「誘惑」とも訳されています。このことは、私たちの信仰と希望と愛を成長させる試練と、私たちを神から引き離そうとする誘惑は、まったく正反対のことのように見えても、実は、表裏一体であることを教えています。どんな問題や悩みや苦しみも、私たちを成長させる試練になり、同時に、私たちを神から引き離す誘惑にもなるのです。また、私たちは誘惑に負けて罪を犯してしまったことが、自分を成長させるための試練であったことを悟る経験をすることもあります。さらに、「試み」のほかに、「懲らしめ」としての苦しみや、神の民また主の弟子であるために受ける「苦難」の苦しみも経験します。

①試練を通して成長する

試練は、真の神を信じて従っている人も、まだ神を信じていない人も経験する悩みや苦しみです。使徒パウロは、私たち信者があう試練は、信者でない人も知っている（経験している）ものであり、神は、私たちが試練に耐えられるように、試練を通り抜ける道を示してくださると、教えています（Ⅰコリント10・13）。確かに、神に逆らう人間の社会（世）で生きている人たちと同じように、私たち、神を信頼して従う生活をしている神の子どもも、家族が大きな問題に直面したり、自分が重い病気になったりします。愛の神を信じていれば、苦しみや病気等を経験しないという考えは、誤りです。父である神に最も愛されていた御子・主イエスも多くの苦しみを通して、神に心から信頼して従う、神の計画の実現を確信して待ち望む、神と人を愛する者として完成されました（ヘブル２・10）。

真の神は、試練を通して、神から離れている人々をまず第一に、家族としてまた、友人として、同じ人間として互いに助け合い励まし合うように導かれます。あわれみ深い父である神が、すべての人がこの世界で自分なりに満足できるほど幸せに生きていくことを望み、すべての人を、互いに慰め合い助け合い励まし合うことができる者として創造されたからです。第二に、神は、神から離れている人を試練によって、ご自分のところへ帰って来るように導かれ、この世界では得られない完全な永遠の幸いを与えてくださいます。事実、世界中でさまざまな問題や困難や悩みや苦しみに直面した多くの人が、教会に、また、父である神のみもとへ導かれています。父である神の家に帰った私たちを、ご自分の子どもとしてくださった神は、試練を通して私たちを神の子どもとして成長させ、私たちの信頼と従順、確信と期待、愛を完成してくださいます。ヤコブは、試練に耐える人は幸いで、耐え抜く人はいのちの冠を受けると信者たちを励まし（ヤコブ1・12）、使徒ペテロは、信者はさまざまな試練の中で悲しむことがあるが、試練によって、信仰が精錬されても朽ちてしまう金よりも尊いものとされ、この世界の終わりに再び来られる主イエスから称賛されると約束しています（Ⅰペテロ1・6―7）。

あなたがすでに神の子どもなら、大きな悩みや苦しみに直面しても、驚かずに神の愛のご計画を受け入れてください。それらの試練を通して、主イエスに似た神の子どもに造り変えられていく幸いな人生を、愛の神をほめたたえつつ、聖霊に満たされて歩み続けてください。また、もし、あなたの家族、友人、兄弟姉妹の中に、試練にあっている人がいたら、ぜひその人のために祈り、交わりをもち、理解し、共感し、神の愛によって慰め、その人に主イエスとともに歩むように勧めてください。

② 懲らしめは愛の訓練

あわれみ深い父である神は、私たちが神に逆らう罪を犯しても神の子どもである私たちに罰を与えられることは決してありません。神は、「私たちの罪にしたがって　私たちを扱うことをせず　私たちの咎《とが》にしたがって　私たちに報いをされることもない」お方です（詩篇103・10）。しかし、私たち神の子どもは父である神に、故意に逆らって重い罪を犯しながら、その罪を認めず悔い改めようとしない時があります。そんな時私たちは、真の神を信じるまでは鈍感になっていたけれども、神の恵みによって救われて、新しくされ、清純で敏感になった良心の呵責《かしゃく》と、神のみことばによる叱責等の懲らしめを経験することがあります。

姦淫《かんいん》と殺人の重罪を犯し、神との喜びに満ちた交わりができなくなったダビデは、「私が（罪を認めて告白せずに）黙っていたとき　私の骨（自分自身）は疲れきり　私は一日中うめきました。昼も夜も（神の義の）御手が私の上に重くのしかかり　骨の髄（生きる力の源）さえ　夏の日照りで乾ききったからです」と告白しています（詩篇32・3―4）。彼はそれからしばらくして、ようやく自分の罪を認めて告白し、神に赦していただき、またきよめていただき、神との交わりが回復しました（同32・5、同51・1―17も参照）。その後、再び神を畏れ敬い神のみこころに従う歩みを始めました。

あわれみ深い神はダビデに、姦淫と殺人という二つの重罪に対する死刑の罰を与えられませんでしたが、彼が望んでいなかった、姦淫の罪の子どもは、生まれてすぐ死に（＝神が取られ）、彼の犯した罪の結果、彼と家族は、多くの悩みや苦しみに直面することになりました。ダビデは、自分の蒔《ま》いた種の刈り取りをすることになったのです。旧約聖書の時代だけでなく、今日でも、父である神は、ご自分の子どもである私たちが故意に重い罪を犯し、それを認めて告白しようとしない時、私たちを愛のむちで懲らしめられることがあります。

神の懲らしめは、ダビデのような、良心の呵責や霊的・精神的な苦悩（Iヨハネ3・20参照）、みことばによる叱責、罪の結果起こる難しい問題、罪を償う重い責任、また、私たちの心の中に住んでおられる聖霊の悲しみとうめき（エペソ4・30）、あるいは、預言者ナタンの、ダビデに対する罪の指摘と叱責のような、教会（牧師と教会役員会）の戒告（戒規）等です。新約聖書は私たちに、「『……主はその愛する者を訓練し、受け入れるすべての子に、むちを加えられるのだから。』訓練として耐え忍びなさい。神はあなたがたを子として扱っておられるのです。……すべての訓練は、そのときは喜ばしいものではなく、かえって苦しく思われるものですが、後になると、これによって鍛えられた人々に、義（神のみこころに従う行い）という平安の実を結ばせます」と教えています（ヘブル12・6―11）。また、使徒パウロは、主イエスの弟子である私たちに、神に懲らしめられるのは、私たちが、神に逆らうこの世の人々とともに罪に定められないためであると教えています（Iコリント11・32）。教会の主であるイエスご自身が私たちに、「わたしは愛する者をみな、叱ったり懲らしめたりする。だから熱心になって悔い改めなさい」と愛をもって私たちに語っていてくださいます（黙示録3・19）。

私も何度も、父である神と教会の主イエスに懲らしめられました。教会学校の教師として奉仕していく中で、子どもたちへの愛が冷えてしまった時、夢で叱責されたこと、教会員が増し加えられていく中で、牧師として高慢になってしまった時、使徒パウロのように、私が高ぶることのないように肉体にとげを与えられたこと等を思い出します（Ⅱコリント12・7）。今、私はこれらの神の懲らしめを、神と人を愛して霊に燃え、謙遜に神の栄光を現すために奉仕された主イエスに似た者へ成長させてくださった神の愛のむちとして、心から感謝しています。

あなたが神の子どもなら、きっと、すでに何度か神に懲らしめられたことがあるでしょう。父である神に懲らしめられるのは、あなたが神に愛されている証拠です。ぜひあなたも少しずつ神の子どもらしくされていく神に喜ばれる歩みをしてください。そして、もし懲らしめられたら、すぐに悔い改めてよりいっそう神と人を愛する歩みを続け、ますます主イエスに似た者へ成長してください。

③神と主のために受ける苦難（新改訳聖書第3版では「患難」）

神の子ども、主イエスの弟子として私たちが経験する苦しみは、「試練」と「懲らしめ」のほかに「苦難」があります。「苦難」は「神のさばき」を意味する場合もありますが（ローマ2・9、黙示録2・22等）、多くの聖書箇所では、父である神と主イエスのために受ける苦しみを意味しています。試練はすべての人が、懲らしめはすべての神の子どもが経験しますが、苦難は父である神を熱心に愛し主イエスに忠実に従っていく信者だけが経験する困難、苦難、迫害、戦い等です。それは、主イエスが、父である神を全身全霊で愛し、生涯、死に至るまで忠実に神のみこころに従われた時に経験されたのと同じ苦難の苦しみに与《あずか》ることです。そして、神と主のために苦難を受けることは、熱心で忠実な神の子どもと教会の信者だけの特権であり、この上なく名誉なことなのです。主イエスが、「世にあっては苦難があります」と言われたように（ヨハネ16・33）、私たちが、世＝神に逆らっている人間の社会で、神と主を愛して従っていく時に、さまざまな困難や苦難、迫害や戦いを経験するのは当然のことです。私たちは、「勇気を出しなさい。わたしはすでに世に勝ちました」（同）と、励ましと勝利の希望を与えてくださった主イエスに信頼して従い、世に勝つ者となりましょう（Ｉヨハネ５・４―５）。

使徒パウロは、私たちが主イエスを信じる信仰だけでなく、主イエスのための苦しみも恵みとして与えられていると教え（ピリピ１・29）、自分は信者のために受ける苦しみを喜び、教会のために、主イエスの苦しみの欠けたところを満たしていると告白しています（コロサイ１・24）。これは、今、主イエスがこの世界にいたら味わわれるに違いない、神の働きをするため、全身全霊を尽くす愛の労苦、人々を罪と世と悪魔から救うためのすべての知恵と力を尽くしての戦い、神のみことばに従って教会を建て上げるための、聖霊の愛による献身的・自己犠牲的な奉仕を、私たちが主の弟子として、主イエスに代わって味わわさせていただくという、私たちの特権であり誇りです。

事実、パウロは、神の福音を宣べ伝え、主の教会を建て上げていくために、激しい労苦、投獄、むち打ちと石打ち、死の危険、同国人と異邦人からの迫害、宣教旅行でのさまざまな困難、飢えと渇き、多くの教会への心配等、数多くの想像を絶する苦難を経験しました。しかし、彼は、このような神と主のために数えきれないほどの苦難を受けたことこそ、自分が神の従順なしもべ（原語は「奴隷」）、また、主イエスの忠実な弟子の証拠であると誇っています（Ⅱコリント11・23―28）。しかもパウロは、これらの度重なる苦難を「一時の軽い苦難」と表現し、今苦難を受けている者には、やがて必ず「重い永遠の栄光」が与えられると確信していました（同4・17）。

さらに当然のことですが、主イエスが経験された苦難を経験する私たちは、苦難を通して、必ず主イエスに似た者へ変えられていきます。ですから、パウロは、恵みによって救われた私たちは、やがて与えられる永遠の栄光だけでなく、今受けている苦難をも喜ぶことができると証ししています。それは、苦難が私たちを主イエスのような忍耐強い練達した者とし、私たちが必ず主イエスと同じ姿に完成されるという希望をもてるようにしてくれるからです。それこそが、聖霊によって私たちを御子・主イエスと同じ姿に完成してくださる父である神の愛なのです（ローマ5・1―5参照）。

私は、使徒たちが受けた苦難に比べれば、小さすぎ、また軽すぎる苦難しか経験していません。神と主を愛して従う歩みと神の福音と主の教会に仕える生活において受けた、数多くの小さな困難や苦難、迫害や戦いを、私を主イエスと同じ姿に変えてくださる神の愛を知ることができた経験として、今は心から感謝して喜んでいます。あなたがすでに神の子どもで主イエスの弟子なら、ぜひ使徒たちのように神と主のために受ける苦難を喜び、主イエスと同じ栄光の姿に完成される日を待ち望みながら主に見倣う歩みを続けてください。

2　誘惑に勝利させてください

①悪魔の誘惑

悪魔の偽り

「試み」が「試練」であることを学びましたので、「試練」と表裏一体である「誘惑」についてみことばを学びましょう。試練が私たちを主イエスに似た者へ成長させてくださる神の恵みであるのに対し、誘惑は私たちを神から引き離そうとする悪魔の策略です。多くの神学者たちは、悪魔は堕落した天使長の一人で、悪霊はその手下の多くの悪い天使たちと考えています。

「悪魔」は「訴える者」という意味で、悪魔の別称の「サタン」は「敵」という意味です。主イエスが十字架で死ぬという予告をした時、主をいさめ、十字架を否定したペテロを、「下がれ、サタン」と呼ばれました。彼が、主イエスの十字架によって罪人を救われるという神の救いのご計画を理解せず神に敵対してしまったからです（マタイ16・21―23）。

まず第一に、悪魔は人間をだまして、神から引き離そうとしています。悪魔はアダムとエバを神の愛を疑うように誘導しました。そのため、二人は、神とともに生き、神に従う生活は、束縛で自由がないと考えるようになり、永遠に神とともに生きることができる「いのちの木の実」を食べようとしませんでした。二人は神に、善（してもよいこと）と悪（してはいけないこと）を決められて、その神の命令に従う生き方でなく、自分で何が善か悪かを決めて、自分がしたいことをする生き方を選びました。

私はあなたに、神のみことばは、私たちが幸せになることを願って語られる愛のことばであること、また、聖霊に満たされて、神の愛のみことばに従うことは、人の支配や自分の欲望等から解放された自由な生き方で、神と人を愛する人として成長していく幸いな人生であることを知ってほしいと願っています。また、私はあなたに、神は罪人を愛して救い、ご自分の子どもとして、あなたが神と人のために働くことができるように、いつもともにいて、導き助けてくださるお方であることを理解してほしいと心から願っています。

悪魔の中傷

第二に、悪魔は人を中傷し神から人への愛を奪おうとします。聖書の中では、ヨブを悪魔・サタンが中傷し、神に彼を信用しないように、また、愛さないように働きかけています。ヨブは、神との関係も人との関係も正しく、神を畏れ敬い、罪を犯さないように生きている人と神が認めておられる人でした。しかし、サタンは神に、「ヨブは、あなた（神）がヨブに祝福を与えられるから、あなた（神）を畏れ敬っているだけです。すべての祝福を取り去れば、彼は、あなた（神）を信じるのをやめるでしょう」と中傷します。ヨブを信頼している神は、サタンがヨブを誘惑することを許されます。そして、ヨブは一日のうちに、災害や犯罪によって、すべての子どもたちと全財産を失います。ヨブは嘆き悲しみますが、やがて神を礼拝し、「主（罪人を救い、共にいてくださる神の御名）は、みこころのままに、すべてのものを私に与えられ、また、みこころのままに、それらを取っていかれます。私は、何も持たない裸で生まれました。また、私は裸で主のみもとに帰ります。主の御名をほめたたえます」と、神に何一つ文句を言わず、神のみこころを受け入れて、神を賛美します。ヨブは、「祝福の試み（誘惑＝試練）」に勝利したのです（ヨブ1・1―22参照）。

しばらくしてサタンは、「ヨブは、試みに耐え、わたし（神）への誠実を堅持している」と賞賛される神に、「人間はみな、自分のいのちを一番大切と思っています。あなた（神）がヨブを死に至る病気にされれば、彼は、自分のいのちを取ろうとする神を信じるのをやめるでしょう」と中傷します。神がサタンにヨブを誘惑することを許されると、サタンはヨブを、全身を悪性の腫物が覆う死に至る病気にしてしまいます。

苦悩するヨブを可哀想に思った彼の妻は、「あなたが今まで誠実に仕えてきた神が、子どもたちと財産を取ったうえに、今度は、自分のいのちまで取ろうとしておられる等と考えるから、あなたは悩み苦しむのです。もう神のことを考えるのをやめて死を受け入れなさい」と勧めます。しかし、ヨブは彼女に、「私たちは、これまで、神から幸いをいただいてきたのだから、今、神が私たちにお与えになる災いもいただかないわけにはいかない」と答えて、神のみこころに逆らうようなことは、いっさい口にしません。ヨブは、「いのちの試み（誘惑＝試練）」にも勝利したのです（同2・1―10参照）。

しかしそれからが、ヨブにとって本当の試みの始まりでした。三人の友人たちは、「よい行いをすれば神に祝福され、悪い行いをすると神から罰を受ける」という――ユダヤ教では「律法主義」（日本では「因果応報」）――、悪魔にだまされた考えで、ヨブが大きな苦難を与えられたのは彼が重罪を犯したからに違いないと断定し、ヨブに罪を認め悔い改めるよう勧めます。最初、ヨブに同情していた友人たちは、優しく彼を説得しようとしますが、ヨブが幼い頃の過ちは認めても、今経験している大きな苦難を罰として受けねばならないような重罪を犯したことはないと頑固に無罪を主張し続けるので、彼らはヨブを激しく責め立てるようになります。ヨブは友人たちを、傷つき病んでいる自分をまったく癒やすことができない「無用の医者」と呼んで（同13・4）、彼らの非難に反論し続けます。ヨブは初め、苦難の中で、生まれなかったほうがよかった、すぐ死にたい等と嘆き悲しみ、次に、神に誠実に仕えて来た自分になぜ神がこんな大きな苦難を与えられたのかを知ろうとして、神に訴え答えを求めます。しかし、どんなに祈っても神が何もこたえられないので、ヨブは今の自分自身と自分の周囲の状況から、神は自分を今はもう愛しておられないと断定し、罪のない自分を殺そうとしている神こそ有罪だと訴えます（同3―31章）。その後、若いエリフが、神はヨブを罰しているのではなく、訓練しておられるという自論を語ります（同32―37章）。エリフが、友人たちとは違う試練の意味をヨブに提示した後、ついに、神は長い沈黙を破って、嵐の中からヨブに語りかけ、人間には全知全能の神のみこころとみわざのすべてを知ることができないと、人間（ヨブ）の愚かさを指摘し、神が自分を愛しておられないと断定したヨブの知的高慢さを叱責され、ご自分が彼を愛しておられることをはっきりと宣言されます。

ヨブは、神がなさることはすべて正しく、神の愛のご計画はすべて完全に実現されることを認め、自分が神のみわざとみこころを自分勝手に解釈し、神が自分を愛しておられないと断定してしまった過ちを恥じ、自分（すべての人間）の愚かさと無知を悔い改めます。神の命令に従って、自分を非難した友人たちのために祈ったように、試みを受ける前よりも忠実、また熱心に神に従う歩みを始めたヨブを、神は苦難を受ける前より豊かに祝福されます（同38―42章）。主イエスの弟のヤコブが言っているように、ヨブは多くの耐え難い試練を通して、神がヨブを愛しておられ、慈愛に富み、あわれみに満ちておられるお方であることを確信したのです（ヤコブ5・11）。ヨブは「愛の試み（誘惑＝試練）」に、愛の神の助けによって勝利し、神と人を愛する者として成長することができたのです。

ちなみに、ヨブの物語は、事件、犯罪、自然災害、人の不当な扱い等による被害を受けることは、その人の罪や悪に対する神の罰や報いではないこと、また、これらのことは私たちを神から引き離すために、悪魔が考えた試み＝誘惑の手段であること、さらに神はこれらの悪魔の誘惑を、私たちを成長させるための試練として用いられること、そして、すべての試み（誘惑＝試練）によって、私たちを成長させてくださる神こそ、私たち一人ひとりを人知を超えた愛で愛していてくださる真の愛の神であることを教えています。

私たちは、自分と自分の大切な人たちと自分たちの周囲の状況＝健康の有無、富（物と金）の多少、家庭的な幸福と不幸、成功と失敗、繁栄と衰退、人生の長短等々から、神が自分と自分の大切な人を愛しておられるかどうかを判断してはいけません。旧約聖書の時代に生きていたヨブは、まさに、自分自身と自分の周囲の状況から、自分に対する神の愛の有無を判断しようとしたために、神の愛を疑ってしまいました。新約聖書の時代に生きている私たちは、いつも、十字架と復活の主イエス・キリストを見上げ、ひとり子の主イエスを私たちの罪の身代わりの犠牲にして、私たちを救い、私たちを復活された主イエスと同じ栄光の姿に完成してくださるほどに、神が私たちを愛していてくださることを確認しましょう。そして、父である神がいつも、完全な永遠の愛でご自分の子どもとされた私たちを愛していてくださることを確信し、心から神に感謝し、神をほめたたえ、愛の神の愛のみことばに従いましょう。

あなたは、「祝福の試み」、「いのちの試み」、「愛の試み」にあったことはありませんか。私は、「祝福の試み」にあって、まず神に文句を言い、やがて自分が神ご自身よりも神の祝福を求めていることを悟って、悔い改めました。私の大切な人が天に召されたり、私自身が死の危険に直面するという「いのちの試み」にあった時は、なぜ老年になるまで奉仕をさせてくださらないのかとつぶやき、長い時間をかけて、ようやく神の栄光のために自分のいのちをささげる誓いを、心からすることができました。そして、「愛の試み」にあった時には、主イエスの十字架と復活において現された神の愛を、確認して確信する「聖餐《せいさん》」——十字架で裂かれた主イエスの体を意味するパンと、流された主の血を意味するぶどう液をいただく儀式——に与《あずか》ることによって勝利し、今も、礼拝と聖餐を祝い続けています。

私は、あなたを愛しておられる神が、「祝福の試み」、「いのちの試み」、「愛の試み」によって、ヨブのように、あなたの信仰と希望と愛を、必ず成長させてくださると信じています。

②　誘惑に勝利する

父である神が、私たち神の子どもを悪魔の誘惑の中に見放されることは、決してありません。悪魔の誘惑に勝利された主イエスが私たちにも誘惑に対する勝利を与えてくださいます。

主イエスと悪魔の誘惑（本書第二章7②参照）

主イエスは、「パンの誘惑」、「奇跡の誘惑」、「権力の誘惑」の三つの誘惑を受け、神のみことばに信頼して従うことによって、すべての誘惑に勝利されました（マタイ4・1―11、ルカ4・1―13）。私たちも、「パンの誘惑」にあったら、主イエスとともに、愛に満ちた神のみことばに信頼して従い、自分だけの幸せを求めないで、神の豊かな祝福を家族、友人、隣人等と分かち合いましょう。また、「奇跡の誘惑」にあった時は、主イエスのように、真実な神がすべての約束を必ず実現してくださると信じて、神の愛の命令に喜んで従い、私たち自身を御子・主イエスに似た者に造り変えてくださる、再創造の奇跡を日々経験しながら歩みましょう。さらに、「権力の誘惑」にあった時には、主イエスに見倣って、真の愛と真実の神だけを神として礼拝し、目に見えない永遠に続くものを追い求め、謙遜に神と人に仕える歩みをしましょう。主イエスが模範を示されたように、私たちも聖霊に満たされて、愛の神のみことばに従い、それから悪魔に立ち向かいましょう。そうすれば悪魔は逃げ去ります（ヤコブ4・7）。

使徒パウロは私たち一人ひとりに、悪魔との格闘に勝利し、神から与えられたすべての使命を果たすために、主イエスとともに歩み、聖霊の力によって強められ、神のすべての武具を身に着けるように勧めています。私たちは日ごろから、聖書の神の真理をしっかり学んで理解し、神のみこころ（みことば）に、聖霊に満たされて、喜んで従う歩みにおいて成長しましょう。神と人、また、人と人との間に平和を造り、家族や兄弟姉妹や多くの隣人と、互いに愛し合う交わりを続け、全知全能で愛に満ちた偉大な神に信頼する心を確かにし、完全な永遠の救いの喜びをはっきりと証ししましょう。聖霊に教え導いていただき、さまざまな悪魔の攻撃に対して、その都度、ふさわしい神のみことばの剣で、反撃できるようにしましょう。そして、常に祈りながら闘い、勝利しましょう（エペソ6・10―18参照）。

使徒ペテロと悪魔の誘惑

「試み」と訳されているギリシア語に、「試練」と「誘惑」の二つの意味があることはすでに学びました。アダムとエバは、悪魔の誘惑にあって負けてしまい、罪を犯した人々ですが、神は彼らの罪を赦し、神のみこころに従う者にしてくださいました。ヨブは誘惑と試練にあった人です。彼は信仰によって、悪魔の二つの誘惑に勝利した後で、神からの試練にあい、信仰も希望も愛も失いそうになりましたが、神の愛によって、彼の信仰と希望と愛は、試練にあう前よりもはるかに大きく強く深くなりました。

使徒ペテロは、誘惑が同時に試練として用いられた人です。彼は悪魔の誘惑に負けて、主イエスを三度も否認（三度目は神に誓って否認！）してしまいました。しかし、悪魔に彼を誘惑するのを許された神は、ペテロの大敗北を試練として用い、彼を、自分の人間的な愚かな知恵や弱い力や自分中心な愛に頼らず、聖霊に満たされて、神の知恵と力と愛によって歩む者へ成長させてくださいました。

悪魔の誘惑にあった時、ペテロには、神とみことばに心から信頼して従う信仰も、死後の復活と永遠のいのちの希望も、心から神を愛する愛もありませんでした。使徒パウロが勧めている、神の武具も、ペテロは身に着けていませんでした。彼は、福音の真理（聖書の基本教理）を十分に理解しておらず、神のみこころ（主イエスの十字架と復活による救いの計画）を受け入れておらず、他の弟子たちとは、競い合い、互いに愛し合っていませんでした。いわゆる「戦友」が一人もいない孤独なペテロは、自分を過信して、神に頼ることもせず、悪魔の攻撃に対して反撃するための神のみことばも、心の中に十分に蓄えていませんでした。しかも、彼は、主イエスが「祈っていなさい」と命じられたにもかかわらず、ほとんど祈っていませんでした。これでは悪魔の誘惑に勝利することはできません。彼は「主よ。……あなたのためなら、いのちも捨てます」と数時間前には言っていたのに、捕らえられそうになった時、自分も主イエスのように殺されるかもしれないという恐怖心にかられ、主イエスが予告されたように、鶏が鳴くまでに、三度、「私はその人（イエス）を知らない」と言い切ってしまいました（ヨハネ13・37―38）。

ここで、「試みにあわせないでください」という祈りが、「試みの中に見放さないでください」、「試みの時に一人にしないでください」という意味の祈りであることを思い出してください。アダムとエバが、悪魔の誘惑に負けて罪を犯し、神を恐れて隠れた時も、神は彼らを見放さず、罪を赦し、彼らとともに歩み、彼らを神から与えられた使命を果たす者へ成長させられました。また、神は長い間、ヨブの祈りには一言もこたえず、沈黙していましたが、決して彼を試みの中に見放されたのではありません。神は、ヨブの祈りをすべて聞いておられ、彼が沈黙した時、その祈りに明確にこたえられ、ヨブは神の愛を確信することができました。

そして、主イエスはペテロを、試みの中に見放されませんでした。主は彼とともにいて、彼が三度目に主を否認した時、愛のまなざしで彼を「見つめられ」ました。主イエスの愛を知ったペテロは激しく泣き、真実な愛の主を裏切ったという背信の重罪を悔い改めました（ルカ22・61―62）。主イエスは復活されてから、個人的にペテロに会い、彼の罪を赦して、彼を再び弟子として受け入れてくださいました（Ｉコリント15・5）。それで、主イエスが、「わたしはあなたのために、あなたの信仰がなくならないように祈りました。ですから、あなたは立ち直ったら、兄弟たちを力づけてやりなさい」と言われたとおり、ペテロは、彼と同じように主イエスを見捨てた他の弟子たちや、教会の兄弟姉妹たちを力づけることができる教会の指導者になれたのです（ルカ22・32）。さらに、主イエスは、裏切り者のペテロからの愛を求められ、三度、「わたしを愛しますか」と彼に問いかけ、彼を、主を愛し、主のために生き、主のために死ぬ者へ成長させてくださいました（ヨハネ21・15—19、ローマ14・8）。愛の主イエスは、悪魔の誘惑に負けたペテロを、悪魔と闘って勝利する者にされたのです。

神がいつもあなたを愛しておられ、あなたが神に逆らっても、決してあなたを見放さず、必ず神の子どもとして成長させてくださること、また、主イエスがいつもともにおられ、あなたが悪魔の誘惑に負けて主を裏切っても、決してあなたを見捨てず、必ず弟子として成長させ、主のお働きに用いてくださることを確信してください。

③　勝利者

「悪からお救いください」という祈りの「悪」は、非人格的な「悪の原理」や「悪または罪の力」という意味の「悪」と訳すこともできますが（新改訳）、私は、人格的な「悪い者」と訳したほうがよいと考えています（同脚注）。「悪い者」とは、悪魔・サタンとその手下の悪霊たち（マタイ13・19、エペソ6・16等）、また、悪魔や悪霊に支配されている、神に逆らう世の人々

（エペソ2・1―2、Ⅰヨハネ5・19等）、神と神の民に敵対する悪人（Ⅱテサロニケ3・2等）、偽預言者や異端者（黙示録2・2等）等です。「お救いください」の「救い」は、「霊的な永遠の救い」（主イエスの十字架と復活の贖いによって罪が赦され、義と認められること、聖霊によって新しく生まれ、神の子どもとされ、御子・主イエスと同じ姿に完成されて、神の御国で永遠に生きること）ではありません。この祈りで願い求める救いは、私たちが、神に逆らう人間の社会（世）の中で生活し、神のみこころに従って歩んでいく時に、神が、悪い者たちからの誘惑や攻撃、迫害や危険等から、私たちを守り、助け、救い出してくださる、「生活と人生の救い」です。

主イエスは、父である神に、私たちを悪い者から守ってくださるように祈っていてくださいますし（ヨハネ17・15）、真実な主は、必ず、私たちを強くして、悪い者から守ってくださいます（Ⅱテサロニケ3・3）。使徒パウロは、神が大きな死の危険から自分たちを救い出してくださったことを感謝し、また、将来も必ず、救い出してくださると確信していました（Ⅱコリント1・10）。そして、晩年に彼は、自分が確信していた通りに、神が、いっさいの悪い者の攻撃や迫害等から自分を救い出してくださったと証しています（Ⅱテモテ3・11）。使徒ペテロは、主が、信者たちを誘惑から救い出してくださると明言し（Ⅱペテロ2・9）、使徒ヨハネは、彼が牧会していた教会の信者たちが、悪い者に打ち勝ったと賞賛しています（Ⅰヨハネ2・13―14）。父である神は、私たちを悪い者から救い出すだけではなく、私たちを悪い者に勝利することができる者にしてくださるのです。

父である神は決して、私たちを試み（試練・誘惑）の中に見放されることなく、必ず私たちを見守り、助け導き、試みを通して、私たちを成長させてくださいます。私たちは、試みにあっても、神のみこころを行い、神の御国を建て上げ、神の御名がほめたたえられるために、神と人を愛して生きる者として成長することができ、やがて、御子・主イエスと同じ栄光の姿に完成されるのです。こうして、私たちは、主イエスのように、悪魔と悪霊、世（神に逆らう人間社会）（Ⅰヨハネ5・4―5）、死に対する勝利者にしていただくのです（Ⅰコリント15・54―57）。三位一体の愛の神によって、勝利者とされた使徒パウロのことばを、ここまでの学びの結論としましょう。

「神が私たちの味方であるなら（悪魔・サタン、悪い者も含めて）、だれが私たちに敵対できるでしょう（だれもできません！）。私たちすべてのために、ご自分の御子さえも惜しむことなく死に渡された神が、どうして、御子とともにすべてのものを、私たちに恵んでくださらないことがあるでしょうか。だれが、神に選ばれた者たちを訴えるのですか（悪魔・サタンですか）。神が義と認めてくださるのです。だれが、私たちを罪ありとするのですか（悪魔・サタン、悪い者ですか）。死んでくださった方、いや、よみがえられた方であるキリスト・イエスが、神の右の座に着き、しかも私たちのために、とりなしていてくださるのです。だれが、私たちをキリストの愛から引き離すのですか（悪魔・サタン、悪い者ですか）。苦難ですか、苦悩ですか、迫害ですか、飢えですか、裸ですか、危険ですか、剣ですか。……これらすべてにおいても、私たちを愛してくださった方によって、私たちは圧倒的な勝利者です。私はこう確信しています。死も、いのちも、御使いたちも、支配者たちも、今あるものも、後に来るものも、力あるものも、高いところにあるものも、深いところにあるものも、そのほかのどんな被造物も（悪魔・サタン、悪い者も）、私たちの主キリスト・イエスにある神の愛から、私たちを引き離すことはできません」（ローマ8・31―39）。

私は、あなたも、パウロと同じように、三位一体の神の人知をはるかに超えた偉大な愛を確信し、圧倒的な勝利者になっていただきたいと、心から願っています。

④私たちをお救いください

「私たちを試みの中に見放さないで（試みを通して成長させ）、悪（い者）からお救いください」という祈りは、自分一人のためだけでなく、家族のため、教会の兄弟姉妹のため、さらに、すべての人のために、毎日、祈るべき祈りです。

まず、第一に、「家族みな（特に、子どもや孫たち）を、試練を通して成長させ、誘惑に勝利させてください。私たちみなを、毎日、悪い者から救い、永遠の救いをお与えください」と、毎日の家庭礼拝で、家族みなで祈りましょう。第二に、「私たちの教会と世界のすべての教会の兄弟姉妹を、試練と誘惑を通して、信仰と希望と愛を成長させ、主イエスのように、悪い者と世と死に勝利させてください」と、日々祈りましょう。第三に、「日本と世界のすべての人を、試練と誘惑の中であなたに祈り、あなたを信頼して、あなたの愛のみことばに従うように導き、生活と人生の救いと永遠の救いを与えてください」と、家庭でも教会でも祈りましょう。

「主の祈り」の最後の願いは、「絶対に、私たちを成長させ、勝利させてください」と言い換えることができます。愛の神は試練と誘惑を通して、必ず私たちの信仰と希望と愛を成長させてくださいます。主イエスのように、神のみこころに喜んで従う者とし、必ず、私たちを悪い者から救って、主イエスが建て始められた地上の神の御国（教会）を建て上げる使命を果たさせ、必ず、全知全能で、全世界とすべての人を完全な愛によって支配しておられる神の御名があがめられるようにしてくださいます。

あとがきにかえて

「主の祈り」を祈り、生きましょう

「主の祈り」を、祈りつつ、一つひとつ丁寧に学んできました。「主の祈り」は、主イエスが神のみことばから学び、ご自分でふさわしいことばを選んで整え、毎日祈られた祈りでした。父である神がご自分が編んでささげたすべての祈りと願いに答えてくださることを経験された主イエスは、弟子たちに神が必ず聞いて答えてくださる祈りとして、「主の祈り」を教えられました。ところが、「祈りなさい」と、主から命じられたにもかかわらず、主イエスがそばにいてくださる間、弟子たちは、「主の祈り」を真剣に祈りませんでした。そのため、彼らは、神の御名がほめたたえられるために生きようとせず、自分が偉くなることを願っていました。

彼らは、神の愛が支配する御国を建て上げるために奉仕せず、イスラエル王国の復興を願っていました。主イエスに見倣う弟子であったにもかかわらず、彼らは、主のように、神のみこころに喜んで従おうとせず、アダムとエバが始めた自分中心な生き方をやめることができませんでした。父である神の愛を信じられない弟子たちは、日ごとの糧（パン）が与えられるか心配し、互いに許し合って、愛し合うこともできず、試練にあうと恐れ、絶望し、悪魔の誘惑に負けて、主イエスを裏切り、見捨ててしまいました。しかし、十字架で死んで復活した主イエスは、弟子たちのすべての罪を赦し、弱く、愚かで、罪深く、不信仰で、不従順で、神のみことばによる希望ももたず、神と人への愛も成長していない弟子たちに、父である神から受けられた聖霊を与え、彼らを主イエスのように神を信頼して従い、神による確かな永遠の希望をもち、神と人を愛する者へ成長させてくださいました。

弟子たちと、彼らの働きを通して主イエスの弟子になった信者たちは、毎日、「主の祈り」を祈るようになりました。彼らは試練を通して成長し、悪魔の誘惑に勝利し、神から生活と人生の救いを与えられ、日々、罪を悔い改めて捨て、互いに許し合い、愛し合い、育て合うようになりました。神は、ご自分の子どもにされた弟子たちにみこころを実行し、御国を建て、御名の栄光を現すために必要なすべてのものを、いつも豊かに与えられました。ですから、彼らは、主イエスのように聖書の中に明らかに示されたすべての神のみこころに喜んで従い、全世界に地上の神の御国である教会を建て上げて、すべての部族、民族、国民の中から、神を礼拝して仕える神の民を教会に集めることができました。

あなたは、「主の祈り」の一つひとつの祈りの意味が理解できましたか。あなたは、毎日、聖霊に満たされて、主イエスのように、「主の祈り」を心から祈れるようになりましたか。あなたは、「主の祈り」を祈るだけでなく、実行する人として、少しずつ成長していますか。あなたを愛しておられる、あなたのお父さんである神があなたの祈りに答えてあなたの生活と人生の歩みにおいて、「主の祈り」を実現していてくださることが分かりますか。
ぜひ私たちは、主イエスや弟子たちのような、祈り人になりましょう。

三位一体の神の栄光をほめたたえましょう

ところで、マタイの福音書六章一三節脚注の〈国と力と栄えは、とこしえにあなたのものだからです。アーメン〉という頌栄（神に栄光を帰する讃美）は、マタイが書いた福音書の原典にはありませんでしたが、使徒たちがみな殉教した頃に教会が書き加えたと考えられています。ヨハネの黙示録が書かれたすぐ後の、紀元一〇〇年頃に成立し、洗礼希望者の学びのテキストとして用いられた、「十二使徒の教え（ディダケー）」の八章に記されている「主の祈り」にこれと同じ頌栄が付け加えられています。教会がずいぶん早い時期に、頌栄を追加したことが分かります。

どうして教会は頌栄を付け加えたのでしょうか。考えられる理由は、教会が礼拝式と礼拝でささげる賛美や祈りを整えていく中で、礼拝式を頌栄の賛美で閉じることを当然と考え、礼拝でささげる最も重要な祈りである「主の祈り」も頌栄で終わるようにしたということです。私たちは、教会の公同礼拝だけでなく、私たちの個人礼拝、家庭礼拝も、賛美か祈りの頌栄で終わるようにしましょう。私たちの一週間の生活も、神への頌栄で終えるように心がけましょう。さらに、私たちの人生も、三位一体の神への頌栄で閉じられるように、あわれみ深い神の恵みを祈りましょう。しかし、私は、教会が「主の祈り」に頌栄を追加したのは、「主の祈り」が世界の教会の歩みと信者たちの生活と人生において実現したからであり、「国と力と栄え」がまちがいなく確かに永遠に神のものであることを確信したからであると考えています。「真実」や「事実」という意味の「アーメン」は、まさに、「国と力と栄えは、真実に、また、事実、永遠にあなたのものです」という神の教会と主イエスの弟子たちの告白なのです。

「主の祈り」は、すでにお話ししたように（序や一章を参照）、主イエスのご生涯において実現しただけでなく、使徒たちの時代にも、また、その後の時代も、そして今日まで、教会の歩みと信者たちの生活と人生において実現しているのです。神の子どもたちの集まりである教会は、御子・主イエスの霊である聖霊に満たされて、全知全能の神を「お父さん」と呼び、礼拝をささげ、心から御名をあがめて歩み続けています。復活された主イエスが、主の主、王の王となられ、神の御国（教会）は建て上げ始められ、成長し続けています。神がアダムとエバの時から約束しておられた、罪深い人類を救う神の愛のみこころ（計画）は実現され、聖霊に満たされた、全世界の教会と信者たちは、神のみこころ（みことば）を喜んで実行し続けています。

教会は、二千年間、みこころを行い、御国を建て上げ、御名があがめられるようにするために必要なすべてのものを与えられてきました。主イエスの弟子として歩んだ人々は、罪人である自分たちが救われ、すべての罪が赦されたことを感謝し、生まれつき自分中心な罪人である隣人だけでなく、教会を迫害する者、神に敵対する者も愛し、許してきました。そして、世界の教会と信者たちは、あらゆる試練を通して成長し、悪魔の誘惑に勝利し、生活と人生の救いと永遠の救いを与えられています。使徒の時代から今日までの二千年間、人間が立てたすべての国々は、栄枯盛衰を繰り返していますが、神の御国である教会は日々成長し、やがて完成され、永遠に続きます。人間の力は、悪と罪と世と死から人間を救うことができませんが、全知全能の愛の神の力は、私たちを完全に救い、再創造し、御子・主イエスと同じ姿に完成することができる完全な永遠で無限の力です。二千年間、毎日、「主の祈り」を祈り、頌栄をささげてきた全世界の教会や信者たちとともに、ぜひあなたも聖霊に満たされて、日々「主の祈り」を祈って、実行し続け、「天のお父さん。国も力も、永遠に、あなたのものです。栄光が、永遠に、ただあなただけにありますように。アーメン」と、頌栄をささげ続けてください。

「主の祈り」は「愛が満ちあふれている祈り」です

最後に、私は、「主の祈り」は「愛が満ちあふれている祈り」であると宣言します。「主の祈り」は、完全な永遠の愛が満ちあふれておられる父である神への祈りです。「主の祈り」は、人知をはるかに超えた愛が満ちあふれておられる神のひとり子・主イエスの祈りです。「主の祈り」は、愛のなかった私たちを、主イエスと同じ姿に成長させ、完成させる祈りです。「主の祈り」は、私たちを愛に満ちあふれさせてくださる、聖霊によって祈り、実行する祈りです。「主の祈り」は、私たちの生活と人生、家庭、教会、世界に、豊かな愛の実を結ぶ祈りです。私たちは、聖霊に満たされて愛が満ちあふれている「主の祈り」を祈り続け、愛の主イエスのように父である神、家族、兄弟姉妹、すべての人を愛する者として成長し、豊かな愛の実を結んで、完全な永遠の満ちあふれる愛で私たちを愛してくださる三位一体の愛の神の栄光を現しましょう。

もともと遅筆な上、途中、心臓のバイパス手術を受けたため、二年以上になった執筆を忍耐強く支え、協力してくださった編集者の中野晶正氏に心から感謝します。

二〇一七年十月十日　神の子どもとしての五十三回目の誕生日

後藤　喜良

後藤喜良（ごとう・きよし）
クリスチャンネームはパウロ、ニックネームはペンギン（牧師）。1947年愛知県生まれ。1965年イースターに洗礼を受ける。聖契神学校、エーバスバッハ神学校を卒業後、ドイツ自由福音教会でアシスタント牧師として奉仕。帰国後、同盟福音・名古屋教会、可児教会、芥見教会、笠松教会、下仁田教会、大垣教会等で牧師として奉仕。東海聖書神学塾塾長。
おもな著書：「ガラテヤ人への手紙」（「新聖書講解シリーズ・新約8」いのちのことば社）、『教会役員ガイド』（ニューライフ出版社）、『ペンギン牧師と読む聖書』（いのちのことば社マナブックス）、『ジョークのささげもの』（ＣＬＣ出版）、『牧会奉仕――参考資料・サンプル集』（自作小冊子集）。趣味：テニス、読書、音楽鑑賞（特にバッハ）、ジョークの研究。愛妻は香代。

「主の祈り」を生きる
ペンギン牧師と祈る「主の祈り」

2018年3月1日発行

著　者　後藤喜良

印刷製本　シナノ印刷株式会社

発　行　いのちのことば社
〒164-0001 東京都中野区中野2-1-5
電話 03-5341-6922（編集）
03-5341-6920（営業）
FAX 03-5341-6921
e-mail:support@wlpm.or.jp
http://www.wlpm.or.jp/

ISBN 978-4-264-03880-1